一看就懂的自媒体营销

粉丝无限，平台够大，自媒体开启营销新格局

燕鹏飞 黄周城◎著

民主与建设出版社

图书在版编目（CIP）数据

一看就懂的自媒体营销 / 燕鹏飞, 黄周城著. — 北京 : 民主与建设出版社, 2017.5

ISBN 978-7-5139-1471-0

Ⅰ. ①一… Ⅱ. ①燕… ②黄… Ⅲ. ①网络营销 Ⅳ. ①F713.365.2

中国版本图书馆CIP数据核字（2017）第064416号

一看就懂的自媒体营销

YI KAN JIU DONG DE ZI MEI TI YING XIAO

出 版 人 许久文
著　　者 燕鹏飞　黄周城
责任编辑 王　颂
封面设计 陈国风
出版发行 民主与建设出版社有限责任公司
电　　话 （010）59419778　59417747
社　　址 北京市朝阳区阜通东大街融科望京中心 B 座 601 室
邮　　编 100102
印　　刷 三河市九洲财鑫印刷有限公司
版　　次 2017 年 6 月第 1 版　2017 年 6 月第 1 次印刷
开　　本 710mm × 1000mm　1/16
印　　张 16
字　　数 191 千字
书　　号 ISBN 978-7-5139-1471-0
定　　价 39.80 元

序 PREFACE

在互联网飞速发展的今天，微博、微信等新的社交媒体的兴起使得自媒体这个词语开始慢慢走近我们的生活，成为企业和个人进行品牌营销的重要方式。自媒体营销代表着一种新的媒体形态、传播平台和发展格局的形成。利用自媒体平台，利用自身价值去吸引粉丝，从而不断进行营销和宣传，最终创造经济利益，达到营销的终极目的。

对于不断发展的自媒体来说，信息是进行传播的必备因素，而要想更好地进行营销，就必须将产品信息推送给目标受众，这就需要借助自媒体这个重要的平台。因此，当很多企业还需要依靠传统媒体，投入大量的广告费用做推广和宣传的时候，有些企业已经开始借助免费的自媒体平台来做出效果极佳的营销活动，从而源源不断地获得经济收入。

当然，互联网时代下的自媒体营销，不需要花费大量的人力、物力、财力，只需要一部手机、一台能够上网的计算机，就能将你所看、所想，通过自媒体平台进行及时的分享。这种最少预算换取最优效果的宣传使得越来越多的个人和企业投身于自媒体之中，将自媒体发展成为自己的品牌，并且很自然地就可以将自媒体当作自己的一种职业、一种谋生之道。但是，要想在自媒体营销发展之路上越走越远，成为一名优秀的自媒体运营者，就必须对自媒体营销有深入的了解。

本书的上篇将告诉你，作为自媒体营销者，要想在自媒体的平台上释放出品牌的价值、引爆营销的能量，就必须了解自媒体作为互联网时代发展的一种必然趋势，传统媒体人如何成功转型为自媒体营销达人，并且要了解如今社会发展下的自媒体格局需要掌握的营销手段，了解自媒体营销的基础知识，并深入运用到营销之中。

在本书的下篇，详细地介绍了自媒体营销关于实战方面的知识，包括企业和个人究竟如何进行微信营销、微博营销、论坛营销、视频营销和其他社会化的营销方式都进行了详细的介绍，并选择了一些经典案例进行详细剖析，能够让读者更加深入地了解自媒体营销的价值，并学会如何运用到实际工作之中，赢得更多的粉丝，达到营销的最终目的。

自媒体营销发展的魅力已经成为未来品牌营销和宣传的一个重要发展方向。越来越多的企业和个人将会投入到自媒体营销之中。虽然，很多人预测，自媒体的发展可能已经到顶峰，但是自媒体还没有发展到极致，依旧吸引着无数的企业和个人蜂拥而入，力图找出自己的风格，在用户心中占据一席之地。

互联网时代让信息的传播变得更加容易，同时也为自媒体的营销提供了强大的平台支持。对于越来越多准备投身到自媒体营销之中的企业和个人来说，本书有着较强的学习性和实用性，只有真正认真、仔细地学习自媒体营销，对自媒体传播的未来进行更深入的思考，才能在不断地发展之中，更好地进行品牌的宣传，走出个性、走出自我的风格，真正地进入自媒体营销领域，成为自媒体营销的达人。

目录 CONTENT

下 篇
实战篇

上 篇

基 础 篇

第一章

互联网+自媒体营销

在当今社会，互联网的发展使得社交平台相继出现，而随着数字技术和网络技术的日益成熟和发展，数字媒体日益发达，出现了人们熟知的“融合”现象。媒体融合的环境以及受众所产生的新型营销方式使得互联网+自媒体营销时代已经到来，在互联网时代发展的今天，自媒体营销已经成为一个必然的趋势。

2016年5月16日，中国自媒体创意营销大典在万丽天津宾馆耀世登场，引起了大家的广泛关注。尤其是自媒体人“东北猫”凭借《如何在肯德基吃出江湖范》等等获得了“2016年视频传播奖”、“行走40年”凭借《欧力威X6横穿中国》获得了“金峰奖2016年事件营销奖”等，引发了各界人士的广泛讨论。自媒体工作者再一次走入公众的视线之中，成为企业不断发展的另一个方向。

其实，早在2014年9月，由湖南思尚主导“性学专家质疑陈光标冰桶作假”的自媒体事件就已经开始进入公众视线。这是首次自媒体效果营销发力案例，传播渠道从最开始的新闻到社区以及微博微信，再到电视媒体跟进、纸媒报道，品牌影响力通过各个媒体渠道直接影响各个层次受众。这就是自媒体营销首次进入大家视线的事件，也成为了大家初次认识自媒体营销概念的案例。

其实所谓的自媒体营销，从字面意思上来理解，就是在三网融合的背景下构建信息平台来实现的。而成功的自媒体营销离不开品牌、广告和营销三角关系的支持。社交媒体的出现成为发展自媒体营销的关键工具。当然，要想真正实现有效传播和营销，达到品牌建设的效果，需要制定一个全面整合的营销传播计划，除了科学的运用社交媒体，还需要有针对性地使用各种媒体进行混合传播。

2014年春节期间，贺岁档电影中杀出了一匹票房“黑马”。改编自同名热播综艺节目的电影《爸爸去哪儿》，以五天的拍摄时间、5000万元的预算成本，创下了近7亿元的票房成绩，并连续刷新了2D电影首日票房、2D电影首周末票房、首周末观影人次、最快突破5亿、单日最高回报率等十余项纪录。一部饱受争议的电影，为何能取得如此骄人的票房成绩？其营销团队背后的营销运作功不可没。

节目官方网站是网络媒体中最容易查看的平台，也是宣传的主要端口，因此宣传内容显得尤为重要。《爸爸去哪儿》官方网站不仅包含了节目视频、节目拍摄花絮图片，并且还有投票活动，这样有助于节目与观众的互动，也可以适当收集观众的“心声”，使节目更加符合观众的收视需求。

微博仍是各节目较关注的营销平台之一。在《爸爸去哪儿》开播前并没有在微博上有较大宣传反响，在节目播出以后微博的“响应”比论坛、新闻都要快，其次是包括视频新闻在内的新闻报道。新闻的宣传数量持续升高，网络视频的播放、新闻的报道都为节目在网络中全面铺开做了有力后盾。论坛虽然没有微博与新闻那样大量触达，但是论坛中忠实用户也在稳步增长，也是网络平台中重要推手。

搜索引擎是企业推广常用营销手段，而目前日益产品化的电视节目也在搜索中“一展身手”。《爸爸去哪儿》无论在PC端还是在手机终端上的搜索量，都给节目增加了不少人气。尤其是在节目推出前期搜索量与节目相辅相成，给节目宣传增色不少。

随着智能手机的普及，移动终端已成为消费者一天接触时间最长的信息获取渠道，因此提高移动终端的曝光率，无疑是节目营销的重点。除了常规微博、微信等社交平台里软性宣传外，游戏、APP平台可以为节目提高各类平台中的曝光度，同时也丰富了节目宣传触达的人群结构。

可以说《爸爸去哪儿》的电影成为了自媒体营销的一个经典案例。通过微博、媒体，甚至于数据的分析和纸质媒体的介入，只有充分利用各类媒体平台的特性将节目产品化，将产品利益最大化的营销才是当今社会的时代要求。由此可见，在互联网时代下，自媒体营销已经成为企业营销和宣传的一个重要方式。

要知道，多媒体营销不仅仅是一个数字化媒体的经营范畴的表述，更是一个更加具有张力的归纳和延伸。它不仅仅是对媒体自身属性的重新定位，让报业不再仅仅只是报业，广播不仅仅只是广播等等；更是催生出了新的传播体系，使得高度集中下的一对多大众宣传逐渐失灵，取而代之的是分散互动的沟通传播体系，使得泛媒体结局变成人人媒体，事事传播。

在内容层面上，自媒体的整合传播优势也是显而易见的。在当今的注意力营销时代，能够短时间吸引大众眼球的手段非常多，但能够在受众中引起长期影响的话题却极为稀缺。在2012年，电视栏目《中国好声音》爆红全国，引发了人们对于电视媒体形态和趋势的更多思考。但即便是这一档电视栏目，其实真正爆红也是呈现在其网络端的热烈讨论。这让我们认识到一个问题，营销的下一个时代，是要创造出好的内容——让人们主动、愿意参与内容。

在如今的媒介融合环境之下，媒介融合不仅仅是形态的融合，更是技术、经济、社会、文化的融合。如何在种类繁多的媒体中选择媒体，进行有效组合，并提高选择的效率来应对快速变化的营销环境，是广告主和代理公司面对的重要问题。他们也非常关心怎样让媒体有效协同和发挥作用、在执行过程中避免不同的媒介组合成员因为利益、理念或者技术等产生的隐患。

自媒体营销在当今社会已经不仅仅是一个概念上的提出，更是一个企业、一个品牌要想达到营销效果最大化的关键。只有真正将自媒体营销提上日程，使得自媒体的价值越来越明显，那么，才会有更多的企业开始通过自媒体营销扩大自身影响力，实现营销的目的，最终获取更多的商业利益。

当今社会，是一个信息爆炸的时代。微信、微博、SNS、视频分享等新鲜模式的出现，使得人们获取和分享信息的方式变得更加丰富、便捷。同时，这也造成了媒体诞生的速度远远超过了消费者抛弃的速度，任何一家单一平台的媒体，都无法具备足够的覆盖能力掌控全部消费者的注意力。

互联网时代下，在如此的媒体趋势下，品牌传播仅凭借某个单一平台取得理想的效果日益困难。而凭借传播渠道以及内容上的优势，自媒体的整合营销越来越多地成为了营销campaign的核心话题。

2011年底，凤凰网以实现年轻人的梦想为核心，发起了“中国即客”活动。2012年，中国即客代表余莹开启环球梦想之旅，横跨亚欧美洲与包括挪威公主、波兰财长、世界岛王在内的全球即客进行对话。活动不但整合桌面、移动互联网及微纪录片元素进行传播，同时还在凤凰卫视等电视媒体及50余家合作媒体落地。更加难得的是，通过多平台的整合传播，使得余莹及整体活动可以非常顺畅地和受众进行多方位的互动，成功唤起了上百万年轻人对梦想的呼唤和追求。2012年底，“即客2.0”已经启程，同样值得期待的，还有自媒体整合营销在此次传播campaign中的创新运用。

在当今社会，自媒体营销要想得到更为充分的发展就必须借助移动数据终端的支持，依靠互联网的大时代背景，积极进行营销。只有真正地将互联网的发展与自身企业品牌营销相结合，才能更好地做好产品的营销与宣传，最终达到盈利的目的。那么，互联网与自媒体究竟有着什么样的关系呢?

一方面，自媒体营销和互联网是一个互惠互利的关系。自媒体营销的存在可以依托于互联网终端技术的发展，不断借助移动终端的进步和发展，最终使得营销覆盖范围越来越大，受众范围越来越广，使得企业品牌营销深入人心，能让消费者真正地与产品和品牌产生共鸣，进一步产生行动，促进产品的宣传和营销。

另一方面，互联网的出现是自媒体营销的前提。自媒体，顾名思义就是利用已有的、旧的传播渠道和新媒体营销渠道，共同发力，进行营销。而互联网的存在是新媒体能够得以真正达到营销效果的前提以及获得在技术和终端方面支持的基础。因此，互联网对于自媒体的营销有着至关重要的作用。

实际上在如今的时代下，互联网的出现是使得由单一媒体传播转向自媒体的态势成为大势所趋的主要诱因。从渠道上看，运用自媒体整合传播，通过不同平台的协同作用，可以实现对不同时间与空间受众的全覆盖，最大限度地触达品牌的目标受众，并且对其产生更为多面化的影响。

因此，综上所述，要想真正让自媒体营销成为品牌营销的强有力的工具，就必须借助互联网发展的时代背景和技术，真正让营销成为企业发展和盈利的一把利器，为企业创造出巨大的经济利润，支持企业更好地生存和发展。

互联网时代下，自媒体营销的优势在不断地被凸显出来。对于越来越多的自媒体业者来说，要想更好地进行产品的营销和发展，就不得不利用互联网平台的优势。随着自媒体的火热，也有越来越多的企业和个人开始了解自媒体、接触自媒体。但是，很多人却对互联网+自媒体营销的优势并不是很了解，往往导致达不到预想的效果。

互联网+自媒体的营销优势已经不言而喻。自媒体最为直接的作用就是带来粉丝效应。而只要有粉丝的存在就可以转化为经济效益，互联网无疑是最为直接帮助自媒体者增加粉丝的一个大的平台。因此，互联网+自媒体营销的优势已经逐渐被大众所认可，成为了企业进行营销和宣传的重要方法。

在这个一言不合就直播变网红的年代，选择网红进行品牌的营销宣传已经成为很多企业的共同选择。2016年10月27日，健康类APP Feel刚进行完一场关于“网红联盟打副本、自媒体组队刷BOSS”的跨平台的KOL组合营销“运动”，使得Feel在同类产品中异军突起，不到半个月的时间，就得到了广泛的关注。其实，与其说这是一场网红+自媒体营销的成功案例，还不如说是互联网+自媒体的成功营销案例。在此次活动之后，Feel的微信微博粉丝人数大大增长，甚至APP的打卡项目有效沉淀用户近百万人，活动最终累计曝光1.5亿人次，真正让Feel得到了更多的人的关注。

互联网+自媒体营销已经成为如今企业、品牌进行宣传的主要方式。通过营销方式对比，互联网+自媒体营销更为受到企业和品牌的欢迎，其优势也较为明显，打破了以往硬性推广的营销方式，更有利于营销的宣传。那么，究竟互联网+自媒体营销有着什么样的优势呢？如图1.1。

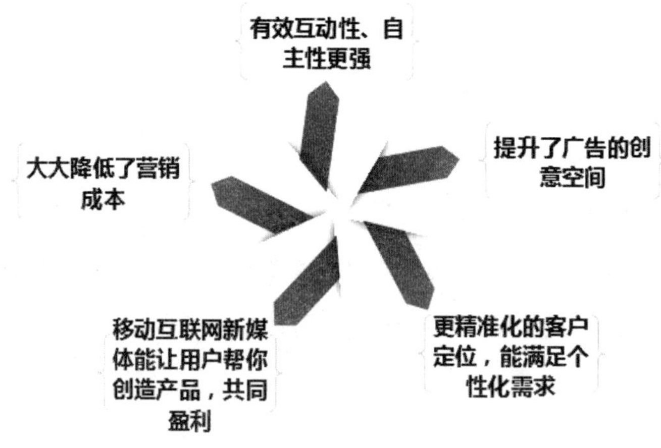

图1.1　互联网+自媒体营销的优势

1.有效互动性、自主性更强

自媒体营销的出现使得消费者自主选择，大大增强了其有效互动性，有利于取得更有效的传播效果。企业和品牌在这种营销方式之下要做的就是让潜在消费群体参与，让品牌融于消费者的互动活动当中，融于口碑当中，形成另一种传播源，不断向外扩散，这样营销必将事半功倍。当然，相反，如果让消费者置身事外，不参与其中，那么，他们将永远无法体会个中滋味，更无法成为营销的“病毒载体”。

2.大大降低了营销成本

移动互联网时代的到来，使得企业营销宣传的方式更加呈现了多元化，同时还大大降低营销成本，毕竟在新媒体时代，很多自媒体营销平台都是免费开放，并且还具有资源共享功能。比如说：近几年最为流行的微信、微博、豆瓣等，企业可以在这些平台之上建立起官方微博，或者建立起粉丝群、豆瓣兴趣小组等，不仅可以大力地进行营销宣传，还提供了低成本的营销传播。要知道，在新媒体营销时代，只要你的内容具有可读性、创意性、有价值，广大粉丝或者网民都会疯狂地进行免费的传播。

3.提升了广告的创意空间

互联网+新媒体的发展使社区营销、精准营销、事件营销、病毒营销、数据库营销、反向沟通、互动体验、口碑传播、焦点渗透等各种新的广告形式和营销方法不断出现。在社会化营销中，创意就是我们的营销源泉，新媒体营销就会发挥出强大的力量。创意是可遇不可求的，但是一旦拥有了创意，并通过用户的参与，其整个营销的效果就有极大提升。

移动互联网新媒体不断拓展新的营销传播方式和手段，正将解决传统媒体创意枯竭的问题。通过新媒体这个载体，将更多创造性的元素融入整合到营销传播当中，对于企业战略转型和整合营销传播的完善和发展都具有关键意义。而创意创新经济自身蕴涵着巨大的能量，创意元素成为当今企业和产品竞争中最为重要的一环。

4.移动互联网新媒体能让用户帮你创造产品，共同盈利

自媒体能够在保证产品的多元化和创造力的同时，也拥有大量忠实、可靠的宣传者。他们热切希望旁人认可，更加希望能够把自己的信息传播得更远，使得更多的人了解到，并口口相传，最终企业成了最大的受惠者。因为，每一个人都渴望得到别人的认可，所以，再没有比传播自己的内容还要有驱动力的方式了。更进一步讲，如果企业在传递过程中，因为用户的参与而获利，并慷慨地与该参与的用户来分享利润，那么这种共赢的模式，将会进一步提高营销的效果。

5.更精准化的客户定位，能满足个性化需求

在移动互联网新媒体营销中数据的分析能够让用户更加清楚产品的定位在哪里。要知道移动互联网之下，一切需求和潜在消费欲望都可以被记录、被计算和被推理。只有更为精准化进行客户的定位，才能在了解客户个性化需求的基础上，更好地进行产品的营销，提升企业和个人的品牌知名度，创造更高的利润。

在互联网+自媒体营销的时代下，未来的消费会越来越强调个性化，消费者会主动选择自己喜欢的方式，在喜欢的时间和地点获得自己喜欢的商品或服务，而移动互联网时代的各种工具能让企业清楚地知道顾客的需求，使品牌传播和品牌建构更加精准有效。因此，在未来的发展中，将会有越来越多的企业或者品牌开始选择自媒体进行营销和宣传，成为互联网+时代下的主要营销方式。

近几年，随着电子商务产业的不断发展，越来越多的微商开始进入大家的生活中，成为一个主要的消费购物方式。但是，营销手段的不断进步就要求普通微商要想得到长久的发展必须懂得自媒体营销。只有这样，微商才能够在商业化的浪潮中，占据一席之地。

在当今社会，微商给消费者留下最深的印象就是在朋友圈不断刷屏进行营销，这种方式在微商出现最开始也得到了大家的一致认可。微商的发展一直是致力于发掘微商平台的营销潜力，在粉丝经济时代快速帮助品牌微商定位目标用户，与目标用户即时通讯，产生社交联系。但是要想微商得到全面的发展，就必须认清现如今营销的本质，真正懂得如何进行自媒体营销，只有这样，才能让微商走向更远的未来。

对于微商来说，微信是其主要的传播渠道。生于自媒体时代的微商，已经存在于每一个现代人的生活之中，无论是朋友圈，还是微博、空间，仿佛都成为了一个大卖场。80后专职微商林婷婷的座右铭就是："灵魂和身体，必须要有一个在路上。"崇尚自由、活泼开朗的林婷婷在工作两年后，毅然地从事业单位中辞职，在偶然的机会下接触到了微商，走入了微商之路。

大婷是卖家和供货商对林婷婷亲切的称呼，代理国外女性保健品的她在起初一直在朋友圈和空间进行营销，但是没有太大的扩散效果。于是，大婷专门注册了一个微博开始在那些微博大V的微博下进行评论，推广自己的产品和微信，借助这个免费的自媒体营销平台，在半年之后，大婷的微信好友已经达到2000多人，月收入超过万元，成功打造出了自己的微商品牌。

常常有人说大婷很"凶"，可能会有很多人喜欢她这种四川女孩的泼辣性格，也可能有很多人看不惯她，但是，她始终坚持做自己，相信互联网时代下的微商更能够让她实现自己的个人价值，或许这正是这个泼辣的四川女孩将微商做得如此成功的秘诀吧！

新媒体营销下的软文营销是微商发展的一个主要营销方式。其实自媒体营销是品牌推广和营销宣传的主要方式，对于微商来说，更是有着莫大关联。其本质是把每个人都变成消费或传播节点，用一个经济学概念，成为"产消者"。

营销的目的就是为了让用户购买，自媒体不仅是要让用户购买，而且要让用户满意地购买，在方式方法上要更加"无痛"，而微商采用的朋友圈"轰炸式"的方法无法让用户满意地购买。因此，微商如何通过自媒体营销来更好地发展成为了自媒体营销的重中之重。如图1.2。

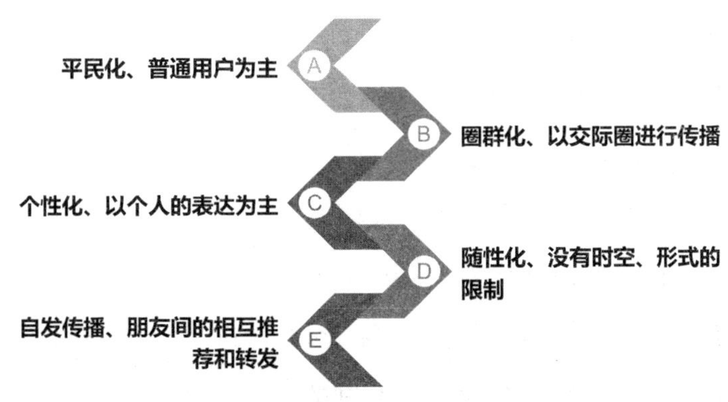

图1.2　微商通过自媒体发展的路径

第一点：平民化、普通用户为主

其实，在当今社会，自媒体营销越来越简单了。随着社交网络的不断普及，越来越多的人开始通过找到潜在消费群体，并与他们产生链接，与用户建立关系，从而使得用户对企业或者品牌产生信任，只有这样，才能进行营销。只有以人为本，真正把用户当做朋友，才能在营销和宣传的过程中，不至于引起消费者的反感，从而更好地进行销售。在微商进行新媒体营销的过程中，企业需要发自内心深处地喜欢自己的用户，并且给予最好的服务，把关注你的人当做自己的朋友，尊重用户，才能让消费者更为信赖自己的产品，可以说，一切的交易前提必须本着信任的原则才能继续进行，信任是社会化媒体营销唯一的货币。

第二点：圈群化、以交际圈进行传播

在智能化日益普及的今天，人们之间的交往越来越方便，新媒体营销也在不断渗透人们的交际圈，改变着人们的生活。越来越多的人开始将自己所信任的产品带入自己的交际圈中，以自己的朋友圈为中心，不断向外围辐射，最终达到宣传和营销的目的。因此，微商要想在未来得到更好的发展，就必须以交际圈为中心，进行圈群化的新媒体营销，从而更好地达到销售的目的。

第三点：个性化、以个人的表达为主

新媒体营销，顾名思义，一个重要点就是“新”。普通微商如何在当今社会更好地进行传播，就必须以个人的表达为主，个性化表达明显突出，才能在营销和宣传的过程中，吸引用户的注意力，引起他们的兴趣，从而更深地了解所要营销的产品，最终达到盈利的目的。

第四点：随性化、没有时空、形式的限制

通过媒体做广告，增加曝光规模，为用户设置一个关注的动力，而且突破了时间和空间的限制，与传统媒体相比，更为方便和快捷。互联网时代下，最大的一个特点就是信息的传播突破了时间、空间的限制，可以传播得更为广泛。微商就可以利用互联网时代下的这一特点，通过新媒体营销，更好地进行产品的销售。

第五点：自发传播、朋友间的相互推荐和转发

微商的最大一个特点就是将自己所信任的产品推销给自己所信任的人。如果有老用户，争取把他们吸引、转移到微博或微信，变成粉丝，增加黏度。内容的经营要做到持续更新。为了销售的营销互动，导入粉丝，用系列的工作增加与用户的链接，使得大家自发地传播，朋友间的相互推荐和转发，都可达到营销的效果使得微商在未来更好地生存和发展。

互联网+时代下的新媒体营销已经成为各行各业营销和宣传的重中之重。因而微商要想更好地发展，也必须懂得自媒体营销。新媒体营销下的微商可以让用户在社交媒体上能够获得比搜索引擎更加全面和完善的资讯，也更容易判断合作伙伴的经验和能力，从而帮助企业带来更多潜在的合作机会。使得企业能够通过社交媒体实现与潜在用户之间更为广泛的沟通，持续深化关系。

自媒体时代，企业家的宿命和革命

互联网时代下，信息传播速度越来越快，中国进入了自媒体时代，也使得越来越多的企业开始走出传统媒体的营销方式，将新媒体营销带入企业的生存和发展之中。PC端互联网媒体的出现，使得如今企业在移动互联网时代，真正做到了资讯与资讯之间、媒体和媒体之间的无缝对接，自媒体营销也成为一个重要的发展趋势。

在讲究用户至上、体验至上的用户主权时代，将产品和服务做到极致，是企业必须要做到的事情，但是，仅仅这样是不能吸引用户的。因为在服务和产品极致化的今天，所有的企业都在致力于为用户打造极致的产品和服务。社会化营销就成为了企业口碑营销的主战场，也就是说，自媒体时代的营销方法成为了企业家的宿命和革命。

2016年7月，随着考试季的临近，大学生又开始了期末的紧张备考。但是，对如今的学生来说，“机不离手”“低头族”的现象随处可见，学习效率大大降低。为此，红牛开展了“自习室大战”的活动，大学生可以登录红牛网站中的自习室页面，进入“红牛教学楼、红牛图书馆、红牛食堂”等各种场景中，选择座位开始自习，这个时候红牛将锁定手机在线，让学生脱离手机，建立了一个“能量自习室”，让他们放下手机，专注自习。而且都市白领还可通过“红牛时间到”的活动平台，与大学生代表一同加入“行走的力量”团队中，这一举措使得红牛的粉丝大大增加。

并且红牛建立官方微博账号：新浪平台上的“红牛时间到”微博在短短两个月的时间里，粉丝突破两万大关。同时红牛还积极与粉丝进行品牌对话，利用碎片化时间进行红牛的饮用时机及品牌的深化，坚持制作原创的趣味内容，迎合社会热点开展形式多样的微博活动，打造了一个属于职场人的轻松交流平台。这些通过创新的整合营销方式，为“红牛时间到”官网带来了近370万次的访问次数，近50次的活动信息得以曝光，深度影响了50万人。

红牛的“BOOM发”式传播除了运用常规的、数字的媒介传播，还组合了口碑传播、活动事件、跨界合作、品牌队伍和社会化媒体营销。对于企业的营销和发展、品牌的推广和宣传来说，自媒体时代的到来为企业的发展和营销带来了新的契机，得到了企业家的高度认可。只有将营销做到位，才能更好地让品牌深入人心。互联网+时代的自媒体营销已经成为了未来发展中的重要趋势，也是自媒体者进行品牌的推广和营销、企业创造利润的重要方式。

自媒体，在移动互联网时代爆发出了强大的力量，对于企业的生存和发展做出了重要的贡献。营销是商业最灵活多变的一部分，如何更高效、精准、便捷地洞察用户身份、行为习惯、感知诉求，实现交流互通，最终达成消费转化，是众多企业家和营销专家要思考的问题。移动互联时代，在自媒体的推动下与营销相关的环境、大场景发生了深刻的变化，营销的本质已经发生了改变。移动互联技术的变革让人们的消费行为、消费习惯、消费场景、生活方式、生活态度等发生了巨大的变化。而自媒体营销的广泛运用，就是适应了移动互联网时代营销的发展趋势，从而被广大企业视为未来营销的新兴利器。

我的一位企业家朋友林海坤，他在自媒体营销方面的尝试，也值得我们借鉴参考。作为早期创业并屹立至今的激光营销企业，天天激光创始人林海坤，他不仅见证着这个行业发展变化的历程，而且他在营销方面不断转变思路，适应了这个时代的发展。

在天天激光发展期间，单一的业务模式因为市场变化而带来了巨大冲击。新技术、新平台爆发式成长，也让林海坤有了更广阔的创新思维。因此林海坤积极谋求业务延展，根据用户注意力的转移而及时改变营销策略。林海坤时刻把握着客户需求走向，并且积极运用互联网思维和自媒体营销来拓展企业的发展空间。

在转变营销方式过程中，林海坤积极运用互联网技术和自媒体营销在收集客户资源信息方面的优势，并率先在行业内提出基于传统营销与大数据营销创新融合的自媒营销模式，这成为他们快速发展的试金石。在林海坤的企业中，用户可以根据自己的生产需求进行选择，同时公司很注重人性化设计，提供各种自动化和流水设计，用户可自行体验。另外，林海坤在日常营销中非常注重在各种自媒体平台与粉丝互动交流，积极吸纳粉丝的优秀建议，并将其应用在之后的企业营销推广之中。

在谈到如何适应自媒体营销时代时，林海坤认为广大企业家只有主动拥抱互联网思维，积极应用自媒体营销，才能打开营销新局面。

自媒体时代是一个营销行为深受消费者行为和态度变化影响的时代。自媒体的发展对营销策划行业产生了深刻的影响，对营销行业来说，互联网思维是对市场、用户、产品、企业价值链乃至整个企业生态进行重新审视的思考方式。基于数字时代精准营销的深入发展，越来越多的企业开始利用自媒体与大数据为营销提供策略支撑。自媒体营销不仅改变了传统的营销格局，还给广大企业和企业家带来了全新的发展机遇。

第二章

互联网+自媒体时代，传统媒体人如何转型

互联网+自媒体时代的今天，越来越多的企业和品牌开始加入自媒体营销时代，传统媒体人如何转型成为营销中的重中之重。传统的媒体营销显然已经不再适合当今社会营销发展的前景，传统媒体人转型已经势在必行。信息化时代的今天，信息的传播渠道大大扩宽，可以很快地将信息随时发布到地球的各个角落，让企业的营销活动进入了自媒体营销时代。

互联网的发展改变了整个时代，传统媒体人要想在自媒体时代更好地生存，就必须将自己的传统思想打破，打破已有的传统营销模式，让传统媒体营销成功转型。不破不立，不换思想就换人。

自媒体作为一个较为平民化的营销工具，其特性决定了它与传统媒体营销方式有着较大的不同。在以往的营销方式中，传统媒体人只能借助户外广告、电视、广播、报纸等媒体作为载体进行宣传，而自媒体的出现则打破了这一现状，可以依靠互联网，向大众传递信息，更加偏向于大众化和平民化，更符合当今社会人们的要求。

张强是某医院的一个普通医生，由于资历尚浅，在以往的就诊中，就是坐等一些病人上门询问就诊，这种营生方式不能说好也不能说不好。但是直到前几年微博开始流行的时候，他开通了新浪微博。刚开通的时候，这个微博主要是用来为患者排忧解难的，与自己的患者保持联系，建立感情。但是，在微博的不断使用过程中，他发现越来越多的患者成了自己的粉丝，后来甚至有很多自己原先不认识的人，通过别人的介绍来关注自己的微博。这些患者会先在微博上与自己进行沟通，然后再去医院找自己看病。

随着时间的不断推移，张强觉得自己的微博粉丝越来越多，来咨询的人也越来越多，也有越来越多在微博与自己沟通过的病人前来就诊，通过了解病情之后，来医院进行具体治疗，自己的微博也越来越像一个微型医院。随着粉丝人数的不断增加，他的知名度也越来越高。因为，来医院找他的病人在挂号的时候都会指名道姓地来找他，所以他在医院的知名度也迅速提高了。越来越多的人知道了他，张强也愈发有名了。后来，他又开通了个人微信公众号，并且积极使用，患者可以直接把个人资料和病历发给他，他可以和患者进行一对一的沟通，这让自己与病人的沟通变得越来越方便。

在以往大多数人的经验中，看病大都是看医院的知名度，看哪家医院够大、有实力，而不是看医生是否足够好，对于医生是随机选择的。而张强却运用自媒体改变了这种现状，由原先的一名普通医生成为了院内有名的医生，充分发挥了自己的价值，也为医院创造了更大的价值。

在传统媒体人的营销之中，要想打开知名度，只有广告、广播、报纸等传统媒介方式。但是在互联网+自媒体时代就不一样了，就营销而言，自媒体营销的受众范围更为精准，但是也对传统媒体人提出了更高的要求。那么，究竟传统媒体人如何在自媒体时代做到不破不立，不换思想就换人的呢？如图2.1。

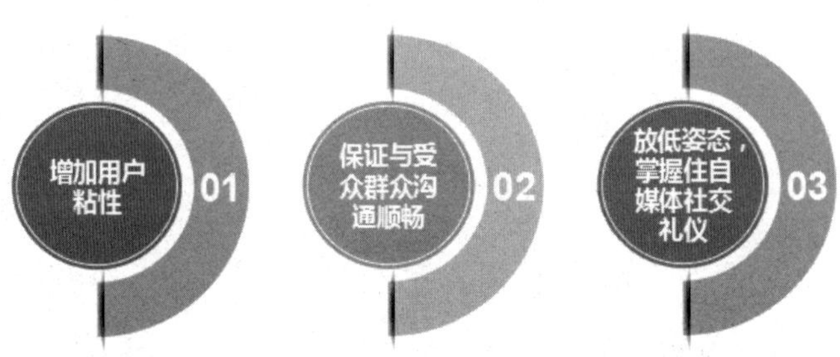

图2.1　传统媒体人不换思想就换人的做法

1.增加用户粘性

所谓的用户粘性就是指留住用户，让用户对运营自媒体产生一种依赖性，达到一种“忠诚粉丝”的状态。在自媒体运营中，最为关键的一点就是提高用户粘性。培养用户粘性可以让自己的粉丝群更加稳定。就像关注自己的偶像或者服饰品牌一样，让用户时刻关注你的自媒体，甚至达到每天都在惦记的地步，等待着你发布的信息，这样你的自媒体才能发挥出最强的营销效果。

传统媒体人在向着自媒体转型的过程中，增加用户粘性是一个较为关键的部分。要想增加用户粘性，和一些老客户建立良好的关系，是需要花费一定的时间和精力的。而且用户的数量多并不能说明用户粘性就大。因此，传统媒体人要想成功转型就要做好“打持久战”的准备，一点一滴地去培养用户的粘性。

2.保证与受众群体沟通顺畅

自媒体营销相对于传统营销方式来说，是一个长期工程，操作中稍微有所差池就会前功尽弃，到时候就算是重头再来也很难取得良好的效果。因此，在运作自媒体的过程中，一定要和受众群体保持顺畅的沟通。当然，假如出现意见分歧，可以与受众群体真诚讨论，但是千万不可逃避问题，这样会大大丧失公信力，影响受众群体对你的忠诚度。

自媒体运营中可以通过热点话题引发他人的关注或者引起受众群体的讨论，然后加入讨论，及时回复。如果无法做到一一回复，可以采取统一回复的方式，以此来达到与受众群体有效沟通的目的。同时，在这个过程中，还应该密切关注同行业的其他媒体，对行业领袖要格外注意，要与他们进行及时的互动，力求让自己也变成舆论的风向标。

3.放低姿态，掌握住自媒体社交礼仪

在互联网时代，人人都可以构建自媒体，这就意味着信息可能会泛滥。在海量的信息中，人们对于信息的选择将会更加自助，所以在自媒体运营中，一定要放低姿态，以免流失掉一些重要客户。要知道，自媒体与传统媒体最大的不同就在于自媒体有着典型的平民化、草根化的特点。而脱离用户的自媒体自然无法发挥出这两大特点的优势。因此，放低自己的姿态，用个性化、高质量的内容与受众群体平等地沟通，才能赢得用户的喜爱。

在传统媒体人向自媒体转型的过程中，还有一点就是一定要掌握一些基本的社交礼仪。比如，及时回复用户的问题，如果不能一一进行回复，就要统一进行回复；在沟通的过程中，要尊重对方，真诚地对待每一个用户，只有这样，才能够增加用户对你的好感。

综上所述，传统媒体人要想成功转型自媒体运营就必须要做到以上几点，只有这样，才能达到较好的传播和推广效果。当然，要想把自媒体做大，成为企业或者个人的一个招牌，其关键的一点还是要把好内容关，切不可随意发表不当言论，只有保证内容的真实性、可靠性和公信力，才能避免对用户造成伤害，损害自己的形象。

新媒体时代下，微博、微信、新闻客户端、自媒体平台的出现，使得营销的传播渠道和方式也在不断地变化，冲击着传统媒体。新媒体带来的分流，让更多的传统媒体、产品发布平台、第三方平台开始重视新媒体平台的内容营销。因此，掌握住新媒体营销手段成为当今社会企业和个人的主要营销推广方式。

1.可乐歌词瓶

经过“昵称瓶”后，可口可乐对“歌词瓶”的推广更显轻车熟路。先是在类似于潘石屹、任志强等KOL的微博进行定制化产品投放，利用其名人效应让更多消费者熟知。而后，在自身的微博上发布与歌词相关的内容，与产品配合。歌词瓶的出现让爱好音乐的年轻人重新温习了一遍那些充满回忆的歌曲，创新的瓶身设计让人眼前一亮的同时，也迅速地被人分享到各种社交平台。

2.漂亮得不像实力派

2015年锤子科技发布了千元机新品：坚果手机，并且在手机发布会上正式发起了“漂亮得不像实力派”的营销战役。相较于产品推广，网友们更愿意参与一场情怀的传播，老罗在直播现场亲自讲述这个战役的初衷和参与细节，这让现场和屏幕前数以百万计的观众都对这个战役了然于胸，随后便成功地引发了UGC传播，无数网友和品牌自发地创造内容并二次传播，将这场战役推向了极致。

由以上案例大家可以看出，在营销已经进入移动互联网的今天，用户已经对生硬的广告产生抵触的情绪，越来越多的企业和品牌开始将目光转向新媒体营销上面去，开始将新媒体营销作为企业宣传和推广的一个重要方面。那么，新媒体营销手段究竟有哪些呢？如图2.2。

图2.2　新媒体营销的方法

1.搜索引擎营销

搜索引擎营销大致分为搜索引擎登录、搜索引擎优化（SEO）、关键词广告和竞价排名等四种方式，是现如今最为普遍的一种营销方式，是全面有效地利用搜索引擎来进行网络营销和推广的影响方法。

在2016年，进入了自媒体全面爆发的一年，人们对于自媒体以及智能设备给予了高度的关注。而在这个时候，就不得不提到华为首次发布的莱卡双摄像的P9手机。据有效数据分析，在去年一年之内，华为第一款旗舰手机P9的搜索量成为移动通信设备热搜榜单上高居不下的关键词，并且成功受到了全球的关注，成为了华为首个销售量超一亿台的手机。而这要部分归功于搜索引擎上的强大讨论量。从社交网络到日常生活，从一线城市到三线城市，搜索引擎无疑成为了P9手机进一步营销的利器。

搜索引擎营销作为新媒体营销中主要的营销手段之一，其拥有巨大的用户访问量。这种方式不仅仅使消费者在使用的时候能够有效而快速地获取信息，帮助自己轻松了解所需信息，还能让企业及时而准确地向潜在客户群传递自己的产品与服务信息，从而挖掘出更多企业和品牌的潜在客户，帮助企业实现更高的转化率。

2.微博营销

在这个智能化较为普及的时代，相信大家对于微博并不陌生。新媒体营销之中，微博作为如今的一个重要社交平台的软件发挥了巨大的作用。越来越多的企业开始将微博营销列入企业营销的方式之中，例如：戴尔、欧莱雅和东航等等，都会通过病毒式营销手段，塑造品牌效应，从而提高企业的销售量。

在自媒体时代，越来越多的企业开始加入到微博之中，开启了微博营销的时代，而成功的营销案例也是举不胜举。早在微博营销最开始的时候就有从快书包微博私信“快卖书”，后来又出现了宝马中国打造的

“麦田怪圈”病毒营销事件，这些都是成功的微博营销事件。微博营销正在以其强大的优势展现在企业面前，展示出其非凡的实力。而且从杜蕾斯中国官方微博的“怀孕事件”“大雨事件”到海南马自达汽车举办的睿翼汽车“转发一次减一元”抽奖活动，这些企业都借助微博营销再一次成为人们的关注对象，而微博也在显示着自身强大的传播力和营销力。

其实微博营销并不难，它就是利用140字左右的文字信息，并实现即时分享的一个平台。在微博这个平台上，企业通过每天更新的内容跟大家交流，或者发起大家所感兴趣的话题，同时发布宣传企业新闻、产品、文化等企业相关信息，慢慢地形成的一个固定互动交流圈子，从而达到营销的目的。

3.论坛营销

在互联网不断发展的今天，论坛不断进入人们的视线之中，例如天涯论坛等等知名论坛。而论坛营销就是利用论坛这个新型媒体进行一系列的营销活动，即是企业借助论坛这个网络平台，通过文字、图片、视频、声音等发布企业产品和服务信息，建立自己的知名度和权威度，从而让目标客户更加深刻了解企业的产品和服务，最终达到宣传企业品牌、加深市场认知度的营销目的。

4.微信营销

在微信营销中，一对一的互动交流方式是其最为典型的特点，也更加具有良好的互动性。这种方式能够在精准推送信息的同时更能形成一种朋友关系。基于微信的种种优势，借助微信平台开展客户服务营销也成为继微博之后的又一新兴营销渠道。

依托社交关系链互动传播，2015年1月25日，热议很久的朋友圈广告终于正式上线，首批上线的广告主为宝马、可口可乐和vivo智能手机。广告刚刚推出就成为公众话题，结果引发大量吐槽和猜测，不少收到可口可乐广告的用户被调侃为“屌丝”，而收到宝马广告的用户则自称“土豪”，甚至有些收到广告的用户会在自己的朋友圈里截图转发，在无意中形成了品牌广告的二次传播。

微博的天然特性更适合品牌传播，作为一个自媒体平台，微博的传播广度和速度惊人，但是传播深度及互动深度不及微信。把微博试想成一个人下面有几万人听众的演讲场合，而把微信想成两个好友冬日下午在茶楼泡上一壶普洱茶席地而坐。哪个更有深度，哪个更有广度，可想而知了。

总而言之，以上就是新媒体营销的所有手段，在企业和品牌的营销之中，要想达到较好的营销效果，就必须了解到新媒体营销的主要手段。要想树立企业品牌形象、促进企业产品销售，就必须了解到这些，只有这样，才能在自媒体营销中达到更好的结果。

新媒体营销，顾名思义，就是在互联网技术之下，通过互联网进行营销和宣传。而在这个新媒体营销的过程中，最为关键的一点是必须坚持以内容为核心、以技术为主要营销手段。只有这样，才能让企业在互联网+自媒体营销中更好地顺应时代的潮流，实现从传统媒体向新媒体的转型。

在新媒体营销之中，手段只是促进营销的一种工具，但是营销的核心任务就是提供信息，让用户了解到营销的信息，从而最终达到销售的目的。因此，无论是报纸、广播、电视那些传统媒体手段，还是网站、APP、微博、微信、论坛等等新媒体营销方式，都必须坚持以内容为王的原则，真正将内容作为营销的核心关键所在，而不是重视工具，否则无异于缘木求鱼。

李美是一家美食杂志社的记者，自己平时也比较喜欢美食，经常在QQ美食群与网友互动交流经验，推荐有特色的菜品，高兴之余还会和网友侃侃而谈，这对她美食方面的文章写作大有帮助。这种方式持续到她在朋友的推荐下用自己的真名开通了微博。

在微博刚开通的时候，她并没有把这个当回事，仅仅只是很随意地在微博上发布与美食有关的内容，觉得只要大家高兴就好，没有什么顾忌。在不到两个星期的时间，粉丝就涨到了两万，她大致浏览了一下，发现粉丝们大多数都是美食方面的专家。这个时候，她意识到自己不能再像以前那样随意发布内容了，如果哪天自己说的不对，两万多人都会看到，假如经过转发，不知道还会有多少人看到呢！而且，这样的话，说的不对，势必会影响自己在业界的公信力。

自从李美明白这个道理以后，她就开始专心运营自己的微博，不再像在美食QQ群一样随意发表意见了。每次在微博上推荐一家店或者菜肴时，都会认真审查。在条件允许的情况下，还会亲自前去品尝，以保证自己微博内容的真实性和可靠性。就是在这种态度之下，李美微博的公信力得到了巩固，粉丝数量不断攀升，很快就超过了30万，其中还不乏一些美食界的名人。虽然，她现在的工作只是美食杂志社的普通记者，但是她在美食界已经无人不知、无人不晓了。

由以上案例大家可以知道，李美之所以能取得如此大的公信力，与她对微博内容的严谨态度和坚持将真实和可靠的内容发表出来有着莫大的关系。试想一下，如果她还是像以前在QQ美食群上那样，随意发表意见，一旦出现错误，势必会影响到她的公信力，那样看她内容的人也就会越来越少了。那么，究竟什么样的内容能够吸引读者呢？如图2.3。

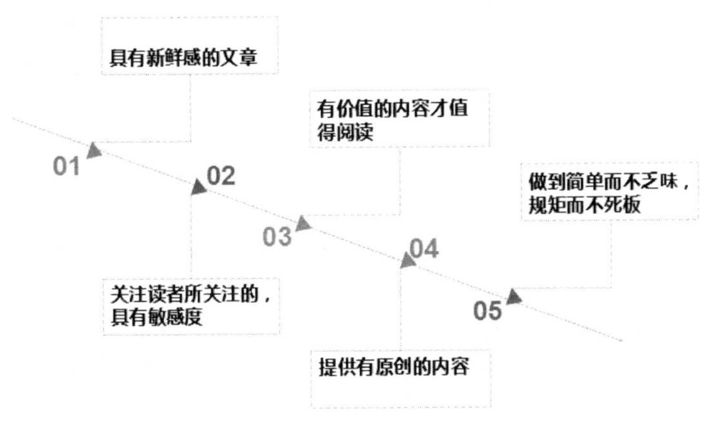

图2.3　用内容吸引读者的方法

1.具有新鲜感的文章

自媒体时代下，人们期待的是从自媒体上看到不一样的新东西，获得新内容和新鲜感，不能让读者感觉到无趣。做自媒体营销，内容就要做热、做出新鲜感来引起读者的兴趣，使他们主动打开你的内容，关注你，最终达到营销的目的。自媒体内容只要拥有了新鲜度就拥有了优势。要知道，内容的新鲜感关系到你是否为读者创造了一个可阅读的区域，也关系到读者能否在你的自媒体中找到一种阅读的趣味性和归属感。

2.关注读者所关注的，具有敏感度

在自媒体运营中，敏感度意味着必须紧紧跟随读者的关注点，跟着读者的兴趣点，提供他们希望关注的、想要了解的内容，才能更好地吸引读者的兴趣。当然，要想跟随读者的关注点进行营销，就必须做到善于提供读者想要关注的内容、敏于捕捉热点内容，通过提供读者关注的内容增加读者粘性，同时抓取一些有价值的内容提供给他们，作为赢得读者的制胜法宝。

3.有价值的内容才值得阅读

想要让读者关注你，那就必须要让自媒体的内容有价值，为读者提供价值，才能让读者感到你是值得被关注的。对于读者来说，你的内容能够为他们提供好的想法和经验，为他们提供启发和指导，能够使他们获得新技能，增加新知识，扩展新视野，甚至能够在心理和精神上激励他们。因此，企业的自媒体必须利用自身所在的领域的长处，为读者提供他们需要的，在其他平台上不容易获得的具有自身特色的内容。

4.提供有原创的内容

做自媒体其实就是等于在做自己的品牌，必须要有原创性的内容，以体现自己的风格。要想留住读者，原创性的内容相当重要。自媒体做内容，目的就是通过为读者提供内容服务，用好的内容来吸引用户更多的关注。用内容增加用户的粘性，把他们长期留在自己的平台上，从而为自己创造更大的商业价值。所以，坚持原创，但是也要放开眼界，不能闭门造车，学会整合外部信息，增加平台的吸引力。

5.做到简单而不乏味，规矩而不死板

能够吸引读者的自媒体内容，肯定是符合读者口味的内容。好内容是吸引读者的开始，进一步让读者活跃起来，还需要在自媒体内容中技巧性地添加利益，用优惠和实惠，把他们隐藏在自媒体平台上进行营销。因此，要想让内容为王，就必须在做内容时做到简单而不乏味，规矩而不死板，而且还要学会适当进行利益推动，用利益调动起读者的胃口，让读者活跃起来，引导他们在自媒体上进行互动，为企业自媒体创造利益。

在自媒体营销之中，必须要坚持“内容为王”的原则。当今社会，科技的不断发展，我们可以预见在微博、微信之后，一定会有更多新的工具、介质出现。而市场瞬息万变，工具更迭的速度也令人眼花缭乱，如果跟风走、片面追求工具，很容易耽搁了作为媒体本质的内容信息。因此，内容为王才是做好自媒体营销的最核心之处。

当然，在海量内容的优势下，自媒体也有一些不足之处。信息爆炸的时代，其供应速度已经远远超过人们所能关注的范围，读者需要耗费大量的时间和精力去进行筛选和解读。因此，这就直接导致在自媒体营销之下，互联网内容同质化现象严重、内容可读性不强，与受众信息个性化的需求产生矛盾。因此，要坚持以好的内容服务受众，在自媒体营销下，真正为受众利益所考虑，为企业创造出利润。

因此，自媒体营销中要始终坚持以内容为王，要做到大力推进自媒体内容形式的多样化和传播手段的创新，真正丰富各种体裁、风格流派和表现手法，使文化产品更具吸引力、感染力和号召力。当然，最为重要的是要积极扶持原创作品，着力打造一批代表形象、具有特色的文化品牌。只有这样，才能对企业和品牌的推广有所益处。

在互联网+自媒体时代下，流量是在一定时间内打开网站地址的人气访问量的一个重要衡量标准。要想增加流量，就必须拥有社群思维。将有着共同的兴趣、情感、价值或利益的人群，围绕某个具体的话题或品牌，通过网络平台聚集在一起，有着紧密交流和互动，具有高聚合度、高互动性的特点。要想达到营销的效果，就必须拥有社群思维，只有这样才能带动更多的人关注起来，从而达到营销的目的。

在中国互联网的商业版图中，有一个独特的社群聚集地，那就是豆瓣。它的核心用户群是具有良好教育背景的都市青年，包括白领及大学生。他们热爱生活，除了阅读、看电影、听音乐，更活跃于豆瓣小组、小站，对吃、穿、住、用、行等进行热烈的讨论。他们热衷参与各种有趣的线上、线下活动，拥有各种鬼马创意，是互联网上流行风尚的发起者和推动者。豆瓣已渐渐成为他们生活中不可缺少的一部分。

一直在豆瓣上探讨阅读的问题，很容易找到基于同一兴趣的读者群。假如分别用两个手机号码，在58同城、赶集网等公布的网站上发布租房信息，另外在豆瓣的租房小组中也发布了相关信息，以此来看招租的效果。大家就发现从豆瓣打来电话的10个人中，有6个是北京大学、清华大学的毕业生，剩下的几位也是有较为正规职业的租户；而从58同城、赶集网打来电话的租客就显得不那么“齐整”了。不能说“人以群分”，但互联网上特定的社群确实在构建特定的部落。

豆瓣产品的性格对于豆瓣的成功起着决定性的作用，天涯、猫扑这些前辈都因为快速冲击的信息量带走了其产品土壤中的养分，而导致其产品最终消耗殆尽。为了更好地诠释找到目标客户所在的社群并引爆它的做法，不得不提的是QQ空间红米手机案例。红米手机首发时，有超过500万用户涌入了QQ空间的红米首发页面，最高峰值一度达到80万人/秒。此前，已经约了1500万用户参与了签到预约，小米由此创造了国内手机品牌社交网络预售的全新记录。

其实，小米与QQ空间的合作并不是简单地做预售公告，而是加入了激发社群的引爆因子。红米的首发设定了三个环节：即预热（猜价格）—预约（签到、集赞）—抢购，三者环环相扣。仅以集赞为例，用户在QQ空间发布一条说说：向好友集齐32个赞，便能抽取3次预约机会。这种熟人圈子营销“接地气”引爆传导效应惊人，最终约1亿用户参与点赞活动。

互联网时代下，随着微博、微信等等自媒体平台的快速发展和普及，重新改变了信息的传播方式，也为社群的存在提供了便利的条件。伴随着自媒体营销的不断发展，社群不断崛起，成为了新的商业形态。越来越多的企业和品牌开始借助自媒体的聚众传播和个性化传播的特点，搭建起网站社群，从而为以往缺乏表达渠道的人们提供了分享自我的平台，也吸引到了大量的用户，让企业拥有了流量。

其实在互联网技术日益发达的今天，任何用户都可以借助自媒体找到自己需要的内容和产品，也可以找到与自己兴趣相同或者有着同样需求的人群。社群在自媒体营销中是吸引流量的一个重要方法。借助内容生产、多渠道传播等不同的方式，把这些有着同样需求和兴趣的人变成自己的用户，实现了同样性质人群的聚集与互动，从而形成了社群。

社群的存在能够在自媒体营销时代中更好地吸引用户，增加点击量，从而拥有更多流量。在互联网+时代下，人们的注意力在不断地被新事物更新的信息所分散，碎片化的场景选择对于信息传播来说，越来越重要。因此，只有真正地做到分众传播，细化目标受众的场景需求，不断提供个性化、特色化的内容或产品，才能吸引更多流量，提高用户黏性。

在自媒体发展越来越好的今天，社群发挥着不可替代的作用。社群是一个具有高度的稳定性和互动性的用户群体，是自媒体营销中吸引流量的一个重要方法。打造出一个属于自己的特色品牌，围绕品牌构建出互联网社群，并且通过各种途径获取社群经济效益，是提升用户粘性、增加流量的重要方式。

当然，大家要明白的一个重要方面就是社群并不是社群经济。企业或者品牌要想通过社群来获得经济效益，实现自身的可持续成长，就需要采取适宜的营销策略，将社群用户做到“标签化”，从而达到增强成员的归属感和认同感的作用。只有将社群人员与其他人群明确地区分开来，使得社群成员拥有明确的社群身份意识，并且做到高度认可，才能更好地通过社群拥有更多的流量。

随着大数据时代的到来，在互联网+自媒体营销之中，成为企业或者品牌快速触达消费者、拓宽延展消费维度的一个新风口。在微信、微博等这一批快速成长的自媒体平台中，粉丝数量的不断增加给自媒体营销市场带来了巨大的消费潜力和广阔的消费市场。因此，在自媒体营销之中，大数据发挥着巨大的作用。

在互联网+自媒体营销时代下，自媒体还处于初期发展阶段，仍然是一个相对混乱的系统，企业要想更好地进行产品的营销和宣传，就必须学会如何进行精准化营销，实现定价标准化。只有针对性地解决自媒体营销中出现的各种难题，利用大数据技术解决广告投档中出现的种种问题，才能使得企业和品牌达到最佳的营销效果。

截止2016年2月19日18时30分，《美人鱼》斩获24.5亿票房，超越

《捉妖记》成为中国影史上票房最高的影片。这部由周星驰执导的电影，自2月8日上映以来，几乎每天都在刷新着中国影史的的各项纪录：首日票房纪录、单日票房纪录、内地票房新冠，这一过程仅用了12天时间，现在它又向着30亿票房呼啸而去。

《美人鱼》的票房奇迹不是偶然。随着《美人鱼》票房一路狂飙，该片背后的众多推手也被媒体相继挖掘出来。相信大家已经了解了和和影业等几家保底公司，但是，还有一家公司同样功不可没。

猫眼电影利用自身大数据平台帮星爷通过用户细分，全方位了解用户的观影需求。通过《美人鱼》上映前夕的“想看”数据、预售数据和上映首日的售票、排片、上座等实时用户数据信息，来分析《美人鱼》用户画像。并通过喜剧片类型及周星驰粉丝等多维度数据分析，总结出《美人鱼》的观影主力军，并针对用户的不同属性，指定有针对性的营销宣发策略。

最终，猫眼电影依托美团、大众点评、猫眼APP三大入口，实现《美人鱼》宣发的精细化和观影用户的高转化，为《美人鱼》的票房一路狂飙，提供了互联网平台化支撑。

从一开始的试水互联网发行，到如今成为票房大爆发的重要推动力量，猫眼电影出品、发行已成为大片标配。

此次，《美人鱼》的票房大爆发，首先肯定是星爷电影自身品质过硬，而背后发行、营销的系统性支持也起到了重要的作用。不仅仅是预售、低价票补贴这些常规的营销模式，也有猫眼电影平台化、数据化的“24小时立体发行”和“海量数据支持下的用户细分和精准触达”这些营销创新。通过大数据精准营销锁定目标观众，协助片方与影院及时协调排片以更好匹配用户需求，让电影发行告别粗放化宣发模式，避免了资源的无效投入，并显著提升电影宣发的效率。

由以上案例大家可以看出，《美人鱼》电影票房如此之高，除了本身的影片质量过硬，还与自媒体平台的营销宣传密不可分。当然，大数据在这些自媒体平台的宣传中发挥着重要的作用。那么，在自媒体营销中，大数据究竟是如何发挥其巨大价值的呢？如图2.4。

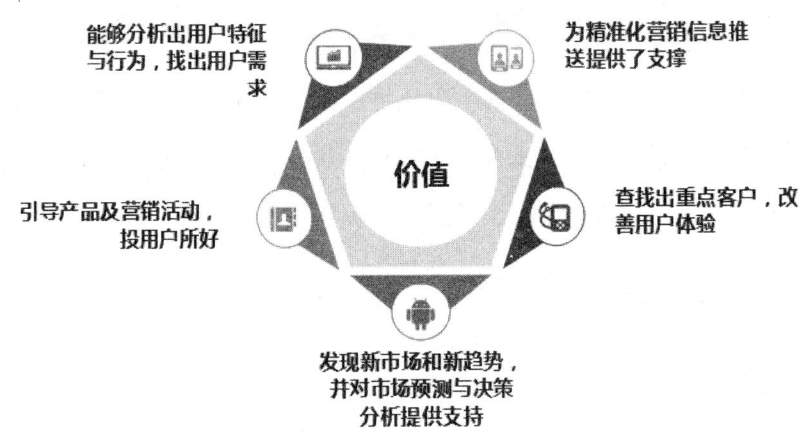

图2.4　自媒体营销中大数据的价值

1.能够分析出用户特征与行为，找出用户需求

在激烈的市场经济环境下，大多数行业都是出于买方市场，永恒的中心就是用户。随着大数据技术的全面兴起，自媒体平台要想更好地进行营销，就必须利用大数据技术去分析和了解客户，生产出适销对路，能够符合消费者需求的商品。因此，只有通过大数据技术准确分析出用户的特征和行为，进而找到用户的真实需求，正确、合理地运用大数据，才能为决策提供有利的数据支持，才能使得产品更受欢迎，达到最佳营销效果。

2.为精准化营销信息推送提供了支撑

对于企业的生存和发展来说，营销起着至关重要的作用。以大数据技术为支撑，能够为企业提供精准的营销信息，确保企业制作出合适的营销内容，寻找出潜在用户，优化客户资源，确保营销活动做到有的放矢。大数据的多平台信息推送，能够很好地对潜在用户进行信息全覆盖，从而帮助企业告别信息粗放推送的旧模式，多、快、好、省地用强大的营销选项抓住消费者的心，成功打赢一场信息化营销战。

3.引导产品及营销活动，投用户所好

在自媒体营销时代，营销是用户产生购买力的强大动力。在当今数据爆炸的时代，数据背后代表的是大量的消费者和用户。因此，对于自媒体品牌来说，掌握了庞大而充分的数据，就能够对核心数据进行整理和分析，从而得到最优化的价值信息，并为产品提供生产和营销的指导，投用户所好，获得用户的喜爱，最终成为市场最大的赢家。

4.查找出重点客户，改善用户体验

在自媒体营销时代下，越来越多的人开始参与其中，成为企业的潜在受众群体。那么，如何在这众多的人群中，找到企业的最主要消费群体，改善用户体验呢？大数据发挥着重要的作用，最主要的就是网络具有强大的记忆功能，能够让每一个消费者的行为都被记录下来，形成数据，使得企业能够将看似毫无联系的数据实现有关联的整理，从而能够将主要精力用于重点发展客户，改善用户的体验。

5.发现新市场和新趋势，并对市场预测与决策分析提供支持

互联网+自媒体营销时代下，市场环境变幻莫测，要想真正立于不败之地，占据有利地位，就必须懂得与时俱进，紧跟市场潮流，只有这样，才能领先一步。而大数据的预测功能不仅对发现新市场和新趋势有

着巨大的作用，还能够从以往客户的行为中进行收集和整理，进而找出有用的用户信息，为市场预测和决策分析提供支持，展现出其强大而又精准的预测功能。

在互联网+自媒体时代不断发展的今天，大数据和云计算技术的日新月异，让移动数据打通成为现实。自媒体要想更好地进行营销就需要在未来向更精准的方向发展。只有以“营销+大数据”的模式精准匹配消费者的需求，才能最终实现产品对一个群体的匹配。在自媒体营销时代，广告主要进行有效投放，关键还是要与自媒体进行有效的配合。只有使自媒体营销符合用户的需求，并完美地将两者结合起来，才能更好地让传统媒体人进行转型。

案例：《外滩画报》总编辑转型为“一条”公众号创始人

在互联网+自媒体营销越来越普及的时代下，越来越多的传统媒体人开始向自媒体营销转型，开始了解自媒体、接触自媒体。全民自媒体时代已经到来。当然，相对于传统媒体来说，自媒体没有太多的条条框框，给了大家更加自由的舞台。而在这股浪潮中，前《外滩画报》总编辑搭乘“互联网+”的快车，深入转型、深层融合、深度洗牌，完成了由传统媒体人转型自媒体人的转变，成为了“一条”公众号创始人。

下午4点，上海巨鹿路一幢大厦的六楼，一间500平米的公司，阳光透过窗户洒在地板上，向外望去，是一片低矮的老房子，一群鸽子从屋顶飞过。在尽头的办公室，微信公众号“一条”的掌门人、45岁的徐沪生坐在桌边，一手夹着烟，一手点开一段时长4分51秒的视频。他将开头拖着看了一遍又一遍，然后对剪辑师说：“她讲完这句话要花七八秒的时间，太长了。这一段有点单一，能不能再多几个镜头？”

4个小时之后，修改过后的视频《你会这么慢慢慢慢做一件事吗》在微信公众号上发布，又过了4个小时，这条微信的阅读量已经是“10万+”。徐沪生将这条视频转发到朋友圈，“我会！人家几年做一件衣服，我经常一个月乃至几个月读一本书，”他还补充了一句，“是每天八小时以上哦。”

在2014年2月，他辞去《外滩画报》执行总编辑的职位，创办了“一条”，转型做互联网，内容涉及生活、潮流和文艺。9月8日，“一条”通过微信公众号发出第一条视频，当时大家手抖到老是担心会按到删除键。短短15天，“一条”的粉丝量就突破100万，现在这个数字已经达到600多万。

一年半以前，徐沪生每天的生活都很规律，夜里读书到凌晨三四点，上午11点起床，骑着自行车去上班，路上只要花十几分钟，到了单位，开会、看版、改稿，然后回家吃饭，陪女儿和小猫玩。他说：“我应该是全上海，甚至全中国，最不懂交际的主编之一了。”

2013年，报社里的人都在谈论转型，徐沪生就注册了一个公众号，举着自己的身份证，拍了一张照片。那段时间他整天在办公室看视频，通过Youtube下载了上千条点击过百万的视频，总共有40多个G。最后他得出结论，高端一点的生活类内容，已经不适合以图文的形式在移动端上传播，在4G时代，短视频将会是一个新的方向。

“转型不转行”，做了8年杂志的徐沪生在尝试了各种视频风格之后，终于找到了自己想要的调性，做“高端杂志化视频”，只拍美的东西。“一条”的简介这样写着：“所有未在美中度过的生活，都是被浪费了。”

不转型可能就是等死，转型虽然异常痛苦，但是还是可能会转出升级来。“所有未在美中度过的生活，都是被浪费了”，恰恰是拥有这种信念和细腻情感的徐沪生成功地找到了自己的道路，成为了生活、潮流、文艺，原创杂志化视频发布的一个代表人物。对于徐沪生来说，既要守住传统媒体的精华部分，还要在互联网+时代下，打造出自己一方天地，无疑这个冒险的举动也给他带来了很大的机遇。

徐沪生曾经也是一个著名的传统媒体人，作为前《外滩画报》的总编辑他在转型自媒体的道路上可能有着更多的困难和阻挠。但是他没有犹犹豫豫，而是果断地抓住了机遇，说不干就不干了，辞去了《外滩画报》总编辑的职位，创办了属于自己的公众号，创造了属于自己的自媒体营销品牌。

可能对于很多传统媒体人来说，自媒体营销是和自己完全不同的营销方式。传统媒体人的营销动辄就是大手笔的投入资金，然后通过层层的核实和实验，再投入大量的人力和物力。显然这种营销方式在互联网+时代下，已经不再适合，自媒体就应运而生，一张桌子，一台可以上网的计算机，依托一个平台，这就可以成为自媒体了。当然，最重要的是需要有着坚定的信心和货真价实的能力。

“一条”发布的视频基本在3~5分钟左右，拍摄、制作的时间却是它的上百倍，以此来保证视频的独特和优质。徐沪生参与其中的每个环节，“从每个镜头，到每个标点符号”，包括最后取标题。这种精益求精、一丝不苟的工作状态为他带来了丰厚的回报，“一条”公众号，每天一条视频，15天粉丝破百万，如今成立已一年有余，就已估值过1亿美金，月入3000万元。

作为较早意识到“移动互联网是大势所趋”的传统媒体人，徐沪生在早期的时候已经有心涉足微信公众号领域。但是在了解自媒体的营销过程中，他发现，自己所熟悉的生活类、时尚类内容在微信图文的语境下，不仅仅丧失了精美大图的优势，并且还毫无版式可言，假如再配上一贯安静的调调和内敛的文字，很容易给读者一种很累的阅读感觉，并且在信息化爆炸的今天还很容易淹没在微信海洋中。这种情况下怎么办呢？思考了很久的徐沪生果断说到：“做视频！”

作为《一条》的创始人兼CEO徐沪生曾经说过，在社交媒体时代的今天，一个标题可以决定一条视频的生死，甚至他曾玩笑似地说过，“杂志式的标题，出去就是死”，前期花再多功夫，在点击量面前都比不上一个好标题重要。标题决定了你的内容能不能被大家看到，内容的好与坏决定了有多少人来转发。

在如今，自媒体营销正在以人们想象不到的速度进行发展，但是同时也对自媒体人提出了更高的要求。在“一条”的发展历程中，每一个视频的背后都付出了常人难以想象的艰辛和努力。为了获得用户的认可，不得不一遍又一遍地进行拍摄、重构。同时也让徐沪生发现了标题对于视频的效果如此之大。

究竟什么是一个好的标题呢？徐沪生认为既要吸引眼球，又要切题，像是一种字词的小游戏，但是也要有一个底线，“不是很蠢很俗的那种。”他取过一个标题，《当人们的眼睛被占用的时候》，配图用的是一张《五十度灰》的剧照，点进去，是一个采访喜马拉雅电台创始人的视频，“当你的眼睛被占用，你只能听”。

正是徐沪生这种不畏创新精神和积极拥抱互联网+自媒体营销的态度，使得“一条”公众号带来了如此大的成就，使得前《外滩画报》的总编辑也成功转型为自媒体达人。虽然在未来的生活中，“一条”还有很长的道路要走，但还是证明，徐沪生的坚持是正确的。目前“一条”已经成为了国内自媒体营销平台的典型代表，2015年7月份，公众号“一条”的用户已达600万。每天保持高质量的原创视频，篇篇“10万+”。

案例：《凤凰周刊》执行主编转型为《大象公会》创始人

在近几年，越来越多的传统媒体人转型自媒体，除了上述案例中的前《外滩画报》徐沪生以外，还有的就是《凤凰周刊》执行主编黄章晋成功转型自媒体，开创了这家主要关注城市精品阅读内容制作与服务的新媒体平台“大象公会”，主要为高品质的时下年轻人打造优质阅读内容。

作为黄章晋创立的媒体品牌，“大象公会”以“知识，见识，见闻，最好的饭桌谈资”为标签提供原创知识性内容，其微信公众号是目前内容分发的主要渠道。黄章晋在媒体圈为人熟知，他有13年媒体从业经历。2013年4月，黄章晋卸下《凤凰周刊》执行主编职位，从新疆旅行归京后，同年7月注册了“大象公会”，从此开始一段并不一帆风顺的探索旅程。

经常玩微信公众号的人，可能都知道大象公会。在2016年，它是最责自媒体排行榜中名列前茅的微信公众号，曾经也面临过不少的危机。在2014年3月的时候，很多微信公户曾经受到这样的私信：“您好，我就是黄章晋，谢谢你对‘大象公会’大力的支持，这是我们重新注册的ID。”直到3月21日，“大象公会”微信公众号才解除危机。黄章晋告诉澎湃新闻记者：“就是因为这个事件，自己流失了一万多粉丝。”

这段波折让黄章晋心有余悸，他向记者坦言：“不敢任性了。”一直以来，“大象公会”的文章选题都有很强的知识性和趣味性，偶尔也和一些敏感、热点的话题沾边。现在，黄章晋对选题也有自己的一套想法。“我们大部分选题和时事没有关系，当然选题会上我们也会先问最近发生了什么，其实信息和事实最重要。”他说，“有的题，比如地震、坠机、香港游行人头统计已经做了不少。但是一些网上炒作的无营养、无价值的内容我是不屑去写的。”他也坦言，这阵子热点新闻很多，“大象公会”的阅读量下降了。“人的注意力是有限的，我们的东西不够热，自然公众号的阅读量就会受影响。”

有时，黄章晋也会怀疑自己是不是太谨慎了。他们对于稿件的要求近乎苛刻。读者不难发现，“大象公会”的文章有很多数据和硬知识。“好多文章是作者积累几年的东西。就我来说，对那些自己不擅长的领域，我就委托别人帮我找资料。”

在“大象公会”的稿子中，黄章晋会把采访细节全部去掉，“比如怎么问、怎么说、受访人什么表情，我觉得都不重要，那种表达方式会让文章特长。”多数时候，受访者说的一段内容会在黄章晋的编辑下浓缩为一两句话。“我只是用于核实信息，所以我们3000字的稿子其实信息度超高。没有形容词、没有副词、没有我。所有稿子都是如此。”如果参考资料，黄章晋也强调不要直接引用全文，否则影响语言风格和阅读流畅。

传统媒体转型自媒体从来不是那么简单，黄章晋作为一个知名传统媒体人，除了曾经担任过《凤凰周刊》执行主编之外，还曾是《华夏时报》评论员，是一个资深媒体人。可能正是由于黄章晋之前在圈内就比较有名气，再加上他撰写文章的角度比较别致，大象公会在不到一百天的时候，粉丝数量就已经飙升到了13万，成为当时炙手可热的自媒体营销平台。

但是对于“大象公会”来说，发展的道路绝不是仅仅止于此步。同时微信公众平台始终是第三方，主动权在别人手上，始终觉得不那么安全，黄章晋也意识到做个自己的渠道越来越重要了，“大象公会”决定成立“大象公会”APP。在2015年9月，从互联网上得知了“大象公会”获得了A轮风投的消息。“大象公会”靠什么赚钱？其实，关于这一问题，可以简单地归为两方面来说：

一方面是依靠创始人黄章晋自身的资源。大家都知道，在黄章晋投身自媒体行业之前，作为一个资深传统媒体人，有着丰富的在媒体行业的从业经历，这就使他在内容运营方面更为得心应手。而最为关键的是有一些媒体人和黄章晋私交甚好，为他提供了有利的条件。使得“大象公会”发展至今，有可能会成为文化人的一个品牌。由“大象公会”现在选取的文章大家就可以看出，逐渐在契合文化人的品位。当有一天，它真的代表了渴望获得“知识、见识和见闻”的知识分子的时候，“大象公会”的价值，也就是它身后的这批文化人的价值。

另一方面也就是商业价值模式了。“大象公会”的多元化商业模式出现为“大象公会”提供了一部分有利的资金支持。比如，目前“大象公会”会出版一些原创的书籍，姑且不论销量怎么样，这都是“大象公会”日后发展的一个可以尝试的新的方向。而且，随着市场的愈加开放，音频视频都会是“大象公会”日后设计的方面，毕竟这些都是内容的另一种表现形式。尤其是在“大象公会”成为文化人的一个品牌之后，就会有更大的品牌运作空间，商业模式上也就有了更多的可能。

想要做自媒体，就要依托一个或者多个平台，而微信公众号无疑是很多用户的首选。黄章晋从一个资深的传统媒体人转型自媒体人，开创了属于自己的品牌“大象公会”，这无疑是一个极大成功。黄章晋这一大胆的尝试，将传统媒体人开始带领进一个新的领域，实现了营销的发展和创新，成为了自媒体营销的典型代表。

第三章

自媒体格局下必须掌握的营销手段

在当今社会，自媒体发展格局逐渐形成，并且已经日趋完善。随着自媒体时代的到来，由智能设备、网络、手机、移动媒体等构成的媒体新格局正逐渐形成。自媒体时代下，各种传播方式相互影响和渗透，自媒体的营销手段已经成为当今社会各个媒体人必须要掌握的一种生存方式，只有掌握住这些营销手段，才能更好地进行信息的传播。

病毒营销：让产品信息像病毒一样传播和扩散

病毒营销，属于口碑营销的一种。我们简单来说，就是利用公众的积极性和人际网络，让营销信息像病毒一样传播和扩散，营销信息被快速复制传向数以万计、数以百万计的受众，它能够像病毒一样深入人脑，快速复制，广泛传播，将信息短时间内传向更多的受众。

当然，这种通过提供有价值的产品或服务让“大家告诉大家”，利用群体之间的相互传播和向外传播，从而让人们建立起对服务和产品的了解，实现“营销杠杆”作用的方式，是互联网+自媒体时代一个典型的营销手段。因此，病毒营销成为很多自媒体人经常使用的营销手段。

“大鹏摊煎饼”

在2014年4月30日，“大鹏摊煎饼”的图片在新浪微博“爆红”，在中关村南大街一个路口，一个煎饼摊前围满了人，现场排起了长队，煎饼摊里外被围了五六层。这一煎饼摊如此火爆的原因在于，摊煎饼的正是进入预热期的《煎饼侠》导演大鹏——董成鹏。大鹏在中关村摊煎饼的事件迅速在微博上发酵。数据显示，当天微博上几个以报道北京本地事件为主的微博大号“北京人不知道的北京事儿”“吃喝玩乐在北京”等，每个号都有数千转发量，当天相关的视频热度更是达到226.2万。不过，这样的图片远远不只由几个微博大号发布的这些，许多围观的“海淀群众”都自发拍了照片发微博、朋友圈，“大鹏现场摊煎饼”这个话题迅速冲上了微博热搜榜。当宣传方将“大鹏卖煎饼”的画面剪成了一段“病毒视频”传到网上，又形成了第二波的传播高峰。

由以上案例大家可以看出，对于这种自带话题的宣传活动，是非常容易在社交网络上发酵和传播的，从而引起社会上广泛的讨论和关注，有利于产品宣传效果的扩散。当然，对于这类具有互联网思维的宣传活动，不是通过那些高大上的宣传，而是放低身份以及一些精心设计的营销宣传，不仅仅要得到大家的广泛认可，还需要大量网友主动在线上参与互动，从而引发热烈的讨论。那么，在病毒营销中应该做到哪些方面呢？如图3.1。

1.免费提供有价值的产品或服务

在病毒营销中，对于市场营销人员来说，“免费”一直是最有效的词语。而大多数病毒性营销计划提供的都是有价值的免费产品和服务来引起大家的广泛注意。虽然大家对于“便宜”或者“廉价”之类的词语可以产生兴趣，但是相比来说“免费”更能引起大家的注意。当然，这个是有价值的产品或者服务。能够从一些免费的服务中刺激高涨的需求兴趣，将在未来得到盈利。“天下没有免费的午餐”，“免费”，仅仅只是为了吸引眼球，然后让他们注意到你出售的其他东西，只有这样，才能获得盈利。

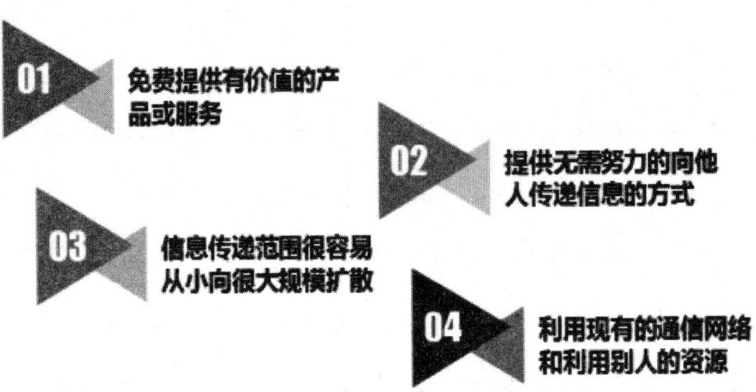

图3.1　病毒营销中应该做到的方法

2.提供无需努力的向他人传递信息的方式

病毒式营销顾名思义就是那些易于进行传播的营销方式。自媒体在使用病毒营销时，就需要携带营销信息的媒体必须是易于传递和复制的。要知道病毒性营销在互联网上得以极好地发挥作用是因为即时通信变得容易而且廉价，数字格式使得复制更加简单，从营销的观点来看，必须把营销信息简单化使信息容易传输，越简短越好。

3.信息传递范围很容易从小向很大规模扩散

病毒营销其实就是为了利用公众的积极性和行为，不断扩散信息，只有这样，才能达到病毒式营销的目的。最为关键的是，病毒营销使得信息传递范围很容易从小向很大进行大规模扩散，最终为了传播而建立在公众积极性和行为基础之上的营销战略将会取得成功。

4.利用现有的通信网络和利用别人的资源

在互联网+自媒体时代下，要想营销就必须要依靠现有的通信网络，最大程度地将信息向周围的人进行扩散，利用别人的资源达到自己的目的。要知道，最大范围的信息传播通常是从比较小的范围内开始的。要学会利用现有资源，主动向用户传递信息，主动传播，等自愿参与传播的用户数量较大之后才能进行自然传播。

当然，在一定程度上来说，病毒营销主要是通过类似病理和计算机方面的病毒传播方式进行营销的。这种主要利用目标消费群体的参与热情引起广泛的社会讨论。但是，有一点要格外注意的就是，原始话题必须是有强烈吸引力的病原体，切不可过于直白地将广告摆在消费者面前，而是需要进行一定的加工整理。要知道，正是披在广告信息外面的漂亮外衣，突破了消费者戒备心理的“防火墙”，促使其完成从纯粹受众到积极传播者的变化。

事件营销：紧跟时事热点才更容易成功

在自媒体营销手段中，事件营销是企业或者品牌经常使用的一个营销方式。事件营销又称活动营销，是企业通过策划、组织和利用那些具有新闻价值、社会营销和名人效应的人物或者事件进行营销和宣传，从而吸引媒体、社会团体和消费者的兴趣与关注，以求提高企业或产品的知名度、美誉度，树立良好品牌形象，并最终促成产品或服务的销售的手段和方式。

在事件营销中，其典型的特点就是具有针对性、主动性、保密性、不可控的风险、可亲性、趣味性、临时权重性、可引导性等特性。在事件营销中，通过对新闻规律的把握，制造成具有新闻价值的事件，并通过详细的操作，让这一新闻事件得以传达，从而达到广而告之的成效。

10年支付宝账单可“预测”10年后财富值

支付宝十年账单上线后，网友争先恐后晒出账单，微博、微信等社交平台一片“鬼哭狼嚎”，这样“凶猛”的营销让很多人不能理解。支付宝方面当然要将这些数据价值发挥到极致，根据账单他们做了些有趣的统计，比如哪些地方的消费者最有钱，哪些地方消费能力最高等等，将二次传播更是做到了极致。

和历年的支付宝账单相比，不同的是，本次支付宝对账单推出的新功能，即“我去2024”，可以根据用户过往十年的花钱能力、理财能力、人脉实力、信用能力、管钱能力等几项指标，得出个人的2024财富预测值。虽然只是娱乐，但可以看作对个人信用和理财能力、消费能力的另一维度评估。同时提出了“信用等于财富”的观点。

也有业内人士认为，这个功能可能是阿里信用卡的预热和助推。如果真是这样，“支付宝十年账单”营销真可谓一箭三雕。

事件营销在自媒体中，得到了广泛的使用，越来越多的人开始将事件营销作为吸引用户眼光的一个重要营销手段。优衣库，利用一个吸引大家眼球的事件省去了将近一百万的广告费用；支付宝利用大家关注自己的消费账单来进行未来消费预计，同时也带出来阿里信用卡的预热和助推，将事件营销做到了极致。那么，在事件营销中，究竟如何达到营销的目的呢？如图3.2。

1.博同情

在事件营销之中，博取用户同情是一个重要方法。一个典型的代表就是加多宝凉茶的营销事件，“对不起，是我们无能，买凉茶可以，打官司不行”“对不起，是我们出身草根，彻彻底底是名企的基因”等等图片在网络营销上引起大家的广泛讨论。在事件营销中，企业深厚的文化底蕴是成功事件营销的一个重要方面。加多宝就是利用企业的文化和用户的趣味心理，将博同情和营销结合起来，从而不断吸引大众的目光，最终让事件营销成功进行。

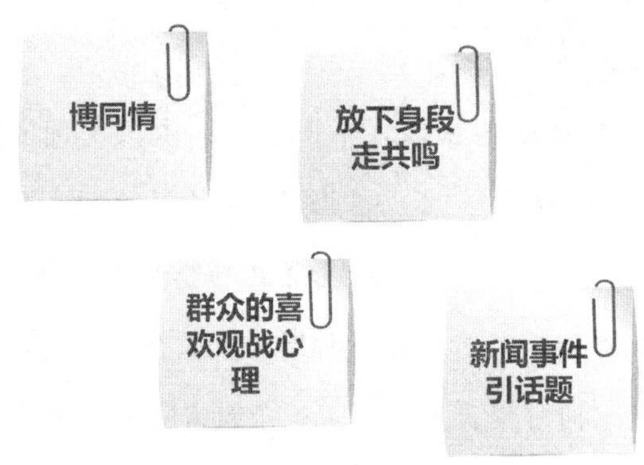

图3.2　事件营销中达到营销目的的方法

2.放下身段走共鸣

营销的一个关键之处就是你的产品可以和营销的受众群体相符合，也就是自媒体者需要放下身段走共鸣。只有真正地让所表达的产品信息和用户的观点不谋而合，才能真正得到用户的喜爱，达到最佳的营销效果。

3.群众的喜欢观战心理

好奇是人的天性，用户对于品牌和品牌之间的斗争在很多时候，都是有着强烈的观战心理的。比如说：苏宁与京东两个平台的价格战、京东与淘宝两大平台双十一对掐，无论是哪一个事件都足以引起用户的广泛讨论，也是进行事件营销的一个绝佳的机会。利用用户的新鲜感和热度，进行营销，在很大程度上能够将用户目光吸引过来。

4.新闻事件引话题

要学会利用新闻事件话题来吸引媒体关注，从而让吸引更多人的注意力。了解事件营销的人大概也都知道，事件营销又叫新闻营销，它的进行与媒体是密不可分的。而且细心的人会发现，综观各类的事件营销案例，都能找到媒体的影子，而且往往都是因为媒体的介入而火。所以在策划事件营销的过程中，一定要注意引入媒体的力量，而在执行的过程中要吸引媒体的关注和介入。

当然，无论是事件营销还是别的营销方式，其最终目的都是为了某个产品或者品牌和企业进行宣传。在事件营销中，营销的话题一定要与品牌有所关联，最终为品牌起到宣传的作用，而不是偏离主题，过于注重事件，忘了最终目的，这样的话，就得不偿失了。因此，要记住一点，你做的事件营销无论是怎么去策划，一定要与品牌有关联，最后一定要能对品牌起到宣传的作用。

综上所述，事件营销的成功必须要综合各方面进行考虑，敢于突破，敢于创新。正是由于事件营销方法使用得最多，因此，谁能够出其不意，谁就能够吸引用户的眼光，谁才能引起大家的广泛讨论，最终达到营销的效果。因此，在事件营销中，要做到产品特性和媒介活动相结合，要选择有亮点的话题，让大家得到双赢，那样才可以得到持续的关注度。

口碑营销：用户的口碑就是最好的广告

在口碑营销中，用户的评价发挥着极其重要的作用。企业通过消费者对自己购买产品好感度的提升从而向其他亲朋好友进行交流和推荐，将品牌传播开来。口碑营销有着典型的成功率高、可信度强的优势，以口碑传播为途径，无形之中，增加了一层信任度。

当然，在企业营销的实践中，口碑营销是企业运用各种有效的手段，引发企业的顾客对其产品、服务以及企业整体形象的谈论和交流，并激励顾客向其周边人群进行介绍和推荐的市场营销方式和过程。这种营销方式的存在使得口碑营销实现了鼓动、价值和回报的三个步骤，最终为企业达到了盈利的目的。

“Flying Pie”是美国的一个著名的披萨店，也是一家有着较强口碑营销的在线营销有趣案例，并且已经默默推广了好几年，达到了较好的营销效果。这个营销方案就叫："It's Your Day"，用着简单的方案，利用网络达到传播的效应。

其实这个方案很简单，就是每天Flying Pie都会喊出一个"名字"，比如说：2月16日是"Ross"，2月19日是"Joey"，而与这些名字一样就会成为店里当天的幸运顾客，可以在当天下午两点到四点，或者是晚上八点到十点来店里的厨房中免费制作披萨，并且可以拍摄一张照片，发布到任何平台之内。然后接下来，Flying Pie在网站上会每周公布新一周的名字，使得很多老客户都会回来观看这个列表，如果有认识的人，欢迎告诉他，邀请他过来免费体验活动。

当然，这个时候，可能就会有人好奇如何选择新一期的名字呢？Flying Pie会请每个来参加过的人提供名字，并且投票，他们会把这个票数当作参考，决定下一周的幸运名字。这样是为了使得这些幸运顾客邀请更多的朋友过来，因为，毕竟有可能成为下一位幸运顾客。这样一来，这个人群就会越来越大，新的客户会不断产生。

由以上案例可以看出，你的每一个客户都能带动更多的客户，毕竟让每一位顾客都能传颂自己生意上的"美德"，是企业经营者梦寐以求的。口碑营销要学会制造爆炸性需求，通过分析消费者之间的相互作用和相互影响来预见口碑广告的传播，使其网络化、知识化、全球化，这需要我们的营销付出极大的智慧。那么，在口碑营销中需要哪些技巧呢？如图3.3。

1.将广告变得"朗朗上口"

要知道，在自媒体时代下，营销手段各不相同。口碑营销作为其中的一种，也并不是所有的商品都适用的。口碑营销在不同商品中所发挥

将广告变得“朗朗上口” 引导顾客进行体验式消费 学会利用品牌进行推荐

让品牌和故事结伴传播 关注自己的每个细节 提供快捷周到的服务

图3.3 口碑营销的技巧和方法

的作用也不尽相同。因此，为了更有效地利用口碑，一切营销活动都应该针对这些更愿意传播这类产品的群体，在这些群体中首先传播这些群体最关注的信息。注意两条标准：一是产品要有某种独特性，外观、功能、用途、价格等等；二是产品要有适合做口碑广告的潜力，将广告变得朗朗上口。

2.引导顾客进行体验式消费

在戴尔公司总部每间办公室的留言板上都写着一句口号：“顾客体验：把握它”。其实所谓顾客体验就是如今我们经常说的试用。没有一个人愿意仅仅凭自己的了解来进行消费，如果可以亲自感受这件产品，相信消费者都会愿意置身于生产制造的全过程，切身享受消费的乐趣。从而形成“以自己希望的价格，在自己希望的时间，以自己希望的方式，得到自己想要的东西”的强烈消费欲望。因此，在口碑营销中可以引导用户采用体验式消费的方式，运用这种古老而又神奇的营销方式引导企业在营销中走得更稳，走得更远。

3.学会利用品牌进行推荐

口碑营销顾名思义就是一定程度上的口口相传，这个可以是各人向各人进行推荐，也可以是优秀的品牌推荐一些尚未建立良好美誉度的品牌，同样是会达到意想不到的效果。尤其是对一个大家都不熟悉的新品牌来说，知名品牌或者知名人士的推荐尤为重要，这不仅仅能够在一定程度上消除消费者的戒心和疑虑，更能够让消费者相信它是安全的，因为已经有人在使用。大家可以大胆地设想一下，如果某一品牌的汽车发动机，被奔驰、丰田、宝马等品牌联合推荐说，它们的汽车使用的发动机就是某一品牌，我们可以断言：全世界的用户都会放心大胆地使用，这一品牌将会供不应求。

4.让品牌和故事结伴传播

人们对于故事一般都有一种格外偏爱的情绪。而故事作为传播声誉的有效工具，的确是口碑传播中营销情感的有利条件。这就类似于事件营销，为产品赋予一个有着深厚底蕴的企业文化故事，能够让消费者产生更好的感觉。

5.关注自己的每个细节

有句老话说得好："细节决定成败"，瑞士名表之所以受到成功人士的爱戴，那就是因为它的每一零件的设计都无懈可击、完美无缺。而在口碑营销中，营销消费者口碑的，有时候反而不是产品的主体，而是一些不太引人注目的"小部位"。由于这一点点瑕疵，引起了用户的反感，从而影响到了口碑的宣传。

6.提供快捷周到的服务

美国电脑业的领导公司EMC认为，一旦顾客相信公司，公司就必须尽力保有这份信任。要想得到用户的信任，就必须有着快捷周到的服务。让消费者满意，才能让他们做到一传十、十传百、百传千千万的作用，从而显示出它悠远而又永恒的魅力。当然，值得注意的是要想赢得口碑，就必须要对各项基础工作做到非常细致、到位，并持之以恒。要知道，只有产品和服务水平超过顾客的期望，才能得到他们的推荐和宣传，而那些领先于竞争对手或别出心裁的服务和举措，更会让消费者一边快乐地体验享受，一边绘声绘色地传播。

在自媒体营销手段中，饥饿营销是经常会使用到的一种营销方式。商品或者产品的供应商通过有意地调低产量，让商品处于市场中的卖方市场的地位，以调控供求关系、制造供不应求的“假象”，从而最终达到维护商品的高价形象，并维持商品较高售价和利润的最终目的。因此，在饥饿营销中最为关键的就是要时刻关注市场竞争度、消费成熟度和产品的替代性等作用。

当然，在自媒体营销中，饥饿营销由于其特点比较适合一些单价较高、一般不会批量进行购买的产品，这种营销方式可以帮助企业利用一定的差异化优势，形成一定范围的品牌黏度。其中苹果公司和小米公司就是饥饿营销的典型代表企业。

苹果是最擅长饥饿营销的企业之一，由于iPhone4s的火爆，使得中国越来越多的消费者开始认同苹果这个产品，并且成为他们的忠实粉丝。在2016年9月份，苹果7刚刚上市不久，就遭遇大面积缺货的危机，让众多“苹果粉”感到特别焦虑，却更好地达到了营销效果。

在9月15日的时候，虽然苹果公司已经表示不再公布iPhone7/Plus的首周销量，但并不表示没有实时战报。在随后不久，苹果就宣布，首批iPhone7 Plus以及亮黑色iPhone7已经全部售罄。最新机型要到周五（9月16日）才能抵达零售店，但是大家依旧可以在网上预订自己想要的机型。苹果发言人Trudy Muller表示，他们衷心感谢顾客的耐心，现在苹果的目标是让大家尽快拿到新款iPhone7和iPhone7 Plus。由此可以看出，苹果7虽然没有大面积配货，但是销量依然非常值得期待。

作为饥饿营销使用最为成功的品牌，苹果公司无疑是较为成功的，它的产品也一直受到无数成功人士不断的追求，并且得到了广泛的好评。而小米公司以高配置低价格受到了很多人的关注，其本身的特点就是一个极大的卖点，再加上饥饿营销运用到了极致，也使得小米产品获得了极大的成功。由案例可以看出，饥饿营销的运用是自媒体营销时代下，企业或者品牌必须要加以重视的。

一方面，质量过硬。饥饿营销中最为重要的一点就是必须做到策划围绕的产品本身一定要好。大家都知道做营销的产品或者服务本身一定要质量过硬、品牌要靠得住、口碑要好，才能真正做到最佳营销效果。否则，一旦消费者使用产品之后或者享受到不好的服务之后，会认为自己受到了欺骗，从而得到差评，这是营销中最为忌讳的一点。因此要让消费者感到物有所值。

另一方面，线上线下相结合。在互联网时代下，O2O已经成为大多数商家和企业的选择。同样的，在自媒体营销中也要学会做好产品或者服务的线上线下宣传造势，为产品制造能够引起大家热烈讨论的话题，让产品本身就能带有某些话题性，从而引起大家的广泛讨论，让消费者积极参与进来，从而达到较好的营销效果。

那么，如何做好饥饿营销呢？如图3.4。

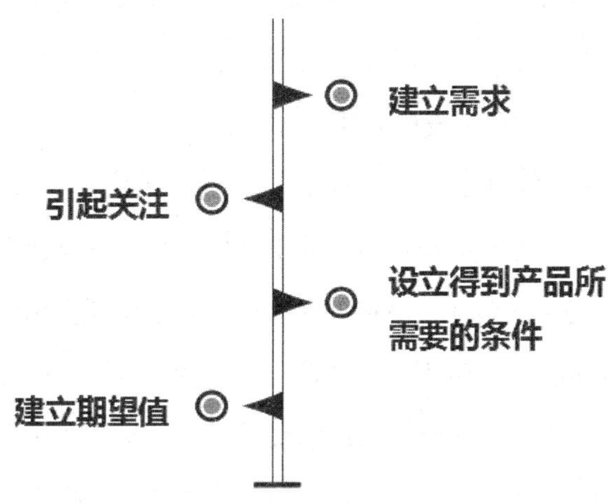

图3.4　做好饥饿营销的方法

1.引起关注

要想做好饥饿营销，第一步就是需要引起用户的关注。这个关注可以利用预售、预约等等方式，吸引用户的关注和兴趣，才能在后期饥饿营销的宣传中做到位，让用户的目光聚集到这里，从而达到营销的目的。

2.建立需求

这一点是饥饿营销中最为关键的一点。有需求才会有购买力。在电子商务时代下，“秒杀”“免费试用”“前二十名免单”等一些字眼已经成为提高销量的重要方法，也是饥饿营销最为关键的一步。当然，制造出这种供不应求的表象只是一种假象，实际上只是控制公布出来的数字，制造出了供不应求的表面现象，暗地里偷偷地使劲卖货，最终目的还是为了更好的销售。

3.建立期望值

在饥饿营销之中，“预约”“预售”是一个经常使用的方法，而在这个里面，帮助用户建立一定的期望值，让用户对于产品的期望和欲望越来越强烈，只有这样，才能达到购买的条件，用户才能产生购买的欲望。

4.设立得到产品所需要的条件

设置购买条件才能让产品达到销售出去的最终效果。饥饿营销因为其特点灵活，要学会随时根据市场的实际情况来调整营销方式。大家都知道，当今市场灵活多变，消费者的购物需求会受到市场各种因素的影响，从而不断更新，产生不断的变化，消费者的行为也就会发生不规则的变动。消费者会有着感情转移的消费冲动，冲动购买是常有之事。因此，在饥饿营销之中，设立得到产品所需要的条件，提高快速反应的机动性，是重中之重。

以上就是在饥饿营销中需要做到的。其实在自媒体时代下，饥饿营销作为一个最为常用的营销手段，已经成为很多产品和商家的套路，很多消费者已经对此有所免疫。因此，饥饿营销的存在也是一把双刃剑，用好了的话，可以使产品的销量不断攀升，使原本就较为强势的品牌或者原本不是很有名的品牌产生更大的附加值，从而获得更多的用户的喜欢。但是相应的，假如用不好就会对品牌现有的知名度造成一定的损失，从而降低销售量。所以，慎重对待饥饿营销。

知识营销：向用户传播知识就是向用户推广产品

在当今社会，随着科学技术的不断发展，知识成为了发展经济和更好传播信息的一个重要资本。在向大众传播的过程中，知识经济时代已经到来，知识已经成为了大众传播的基础和核心。因此，在自媒体营销中，知识营销应运而生，成为自媒体人针对目标市场的相关需求，通过相关的知识有效传播，更为准确地、有效地进行精准化营销，从而实现自身的市场价值和社会价值，最终达到营销的目的。

在自媒体时代下，企业和商家进行营销的一个重要方面就是在搞科研的时候要重视知识的积累和创新。要学会向目标消费群体传播新的科学技术以及它们对人们生活的影响，通过知识营销的宣传，让消费者不仅知其然，而且知其所以然，重新建立新的产品概念，进而使消费者萌发对新产品的需要，达到拓宽市场的目的。

贝因美是一家从事婴幼儿食品生产销售的著名企业，在知识营销中，贝因美一直走在前沿。作为一个人口大国，每年，在中国，都会有将近两千万的婴幼儿出生，因此，婴幼儿的教育和健康问题一直是所有人关注的重点。贝因美企业之所在市场上能够取得较大的成功，就是紧紧围绕育婴和爱婴两大工程作为知识营销的主要方式，开展了各种育婴咨询服务中心、免费咨询电话、创建中国育婴网和成立多胞胎之家，并且通过不断向各地福利院和贫困儿童家里捐助产品等方式进行婴幼儿的帮助。贝因美一直不断地在努力探索知识营销，并且在市场的运作中取得了较大的成功。在知识营销的实现过程中，贝因美需要企业本身硬件资源和软件资源的通力合作与交叉融合才能最终高效完成，而贝因美也最终做到了这一点，实现了营销的成功。

当然，知识营销要想更好的运作，就需要一定的信息传播途径，否则就成为空洞的概念。而且最为关键的一点是知识营销必须要遵守诚实守信、利益兼顾、互惠互利、理性和谐的原则。只有这样，才能有效地实现知识营销。在自媒体时代下，越来越多的自媒体人开始推崇知识营销。到底知识营销对于当代企业都有什么作用呢?

1.有利于为企业搭建起科学的技术平台。企业可以搭建起对内的内网和对外的外网，通过两网融合实现更好的营销。当然，在知识营销的运作过程中，必须要学会搭建各种技术平台，有实力有吸引力才能更好地吸引消费者。同时在这个过程中，可以通过不同技术平台的相互支持，实现各种不同的功能的相互融合和帮助，全面支持知识营销活动，提高产品的销量，最终达到盈利的目的。

2.有利于打造高素质营销队伍。无论是在哪个时代，知识都是值得消费者共同信任的。在营销中，营销一直是产品研发的前锋。培育营销人员的知识获取能力是企业知识更新的源泉，也是企业抵制知识老化和保持产品领先性的一种必备能力。在营销人员中，他们必须能从消费者的购买行为推测市场的需求变化和消费者的购物需求，培育营销人员的整合能力，最终为企业的产品知识去粗取精，最终实现更好的营销。

3.有利于打造品牌知名度。知识营销的运作对于企业来说，是提升知名度的关键之一。在自身健康问题越来越受到重视的今天，消费者对于知识都有一定的推崇作用，在营销的运作过程中为消费者答疑解惑，更容易取得消费者信任，从而最终达成购买的交易。因此，在这个知识营销的运作过程中，无形地提高了企业的知名度，这是一个比营销更为重要的关键。

知识营销的存在能够达到如此好的效果，那么，自媒体者如何来进行知识营销呢？如图3.5。

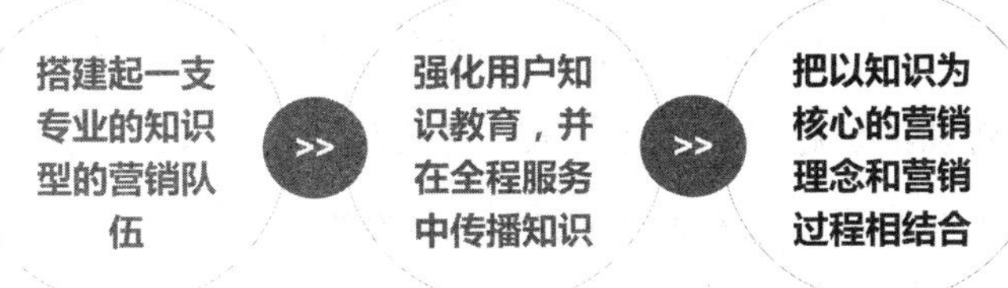

图3.5　自媒体者进行知识营销的方法

1.搭建起一支专业的知识型的营销队伍

对于知识营销来说，营销队伍是实现营销的主体，也是传播知识、扩大企业形象的主要负责人。搭建起一支专业的知识型的营销队伍是保证知识含量内客户感知和接受的重要方法，也是得到用户信任的关键。要知道，在营销的过程中，营销人员的表达技巧和专业程度是影响着新客户的购买行为的重要因素。因此，在队伍的搭建过程中，知识的表达和发布能力是营销人员必须要掌握的关键能力。

2.强化用户知识教育，并在全程服务中传播知识

在知识营销之中，要想达到营销效果就需要针对用户进行所要营销的知识的宣传和传播。一般来说，可以直接通过对用户的服务来向用户提供知识，可以有售前、售中、售后知识传播，可以向用户宣传新产品的知识，解决用户疑问，保证能够顺利使用和售后的服务问题，帮助用户在最大范围内使用好产品，并且及时传递新的知识信息，从而达到最佳的营销效果。

3.把以知识为核心的营销理念和营销过程相结合

在知识营销之中，知识是企业发展的一个核心理念，只有真正将营销的过程和知识结合起来，才能在营销之中达到较好的效果。知识营销之中，向来是以知识为主要营销方式来取得用户的信任。只有在营销的过程之中将知识传播给他们，引导用户的消费观念和生活方式，并且不断普及产品的一些信息，激发用户的消费欲望，让用户真正地了解产品的发展趋势和消费趋势，才能扩大品牌的影响力。只有将营销过程和知识营销的理念相结合，才能真正将知识营销做好。

用知识推动营销，最终实现盈利，这就是知识营销的精髓和关键。在知识营销中，信任是营销的前提，知识是营销的关键。因此，在企业或者品牌进行知识营销的过程中，这个知识必须是有价值而又真实的，只有这样，才能取得消费者的信任，才能让消费者对产品有着良好的第一印象，最终产生盈利。

在自媒体营销手段中，所谓的互动营销顾名思义就是双方互相的动起来，有交流。在互动营销之中，这个互动的双方一方指的是营销的受众者，也就是消费者，另一方自然指的就是营销的掌控者，自媒体人或者企业。这个过程中，只有找到双方的利益共同点，然后在互动的过程中抓到一个巧妙沟通的时机和方法，将营销的双方紧密地结合起来，使得双方都共同参与进来，才能最终达到互动营销的目的。

对于互动营销，当今的自媒体人越来越多地开始将产品的营销做大。企业要想让产品更好地深入人心，也就必须要缩短与消费者的距离。只有这样，才能更好地进行互动营销。在互动营销中，互动的形式一般有两种，一种就是由企业的公关事件或者由产品引发的话题得到了广大目标群体的共鸣，于是作为产品的受众群体或者说是目标群体积极响应，推波助澜，共同把公关事件造成轰动效应；而另一种方式就是类似于反向营销，通过一个与人们传统价值观念或习惯对立的活动或话题引起消费者的批判与讨论，从而将公关事件效果扩大化。

Burger King在美国是仅次于麦当劳的快餐连锁店，在2005年的4月7号推出了首创的视频互动线上游戏——“听话的小鸡”，来推广新的鸡块快餐。“听话的小鸡”这个互动广告极为简单，有一个视频窗口站立着一个人型小鸡，下面有一个输入栏，供参与者输入英文单词。当你输入一个单词时，视频窗口里的小鸡，会按照你输入的单词的意思做出相对应的动作。比方说你输入“JUMP”，小鸡会马上挥动翅膀，原地跳起，然后恢复到初始的画面；又比如你输入“RUN”，小鸡就会扬起翅膀，在屋子里疯跑一气，跟Burger King的定位“Have it your way”配合得天衣无缝，通过一种互动游戏式的互动将体验传递出来。Burger King不会在这个页面中让你接触到它的促销信息。但是在搜索栏下面，Burger King提供了4个按钮，其中一个按钮是PHOTO，也就是收藏了一些小鸡的照片，类似拍摄花絮。一个按钮是CHICKEN’S MASK，这个按钮提供了一个可以制作成小鸡面具的图像，可以把这个图像打印然后沿虚线剪下，制作出与这个小鸡一样的面具。还有一个按钮是TELLAFRIEND，可以发邮件把这个网址告知给朋友。最后一个按钮才是可以直接链接到Burger King网站的按钮。

由以上的案例大家可以看出，要想更好地营销，绝不仅仅是企业单方面地对消费者进行“灌溉式”营销，而是要积极地与消费者互动起来，就像Burger King这样的，与消费者建立良好的互动，才能带动他们更有兴趣地去了解产品，更好地进行营销，这就是互动营销的真谛。

互动营销作为一个拉近彼此之间距离的常用营销方式，它能够更好地满足客户的个性化需求，在为消费者提供个性化服务的同时，更好地树立起企业产品和服务在顾客心目中的良好形象，强化消费者的品牌意识，使得他们成为企业的忠实消费群体。那么，自媒体人在互动营销中应该做到哪些呢？如图3.6。

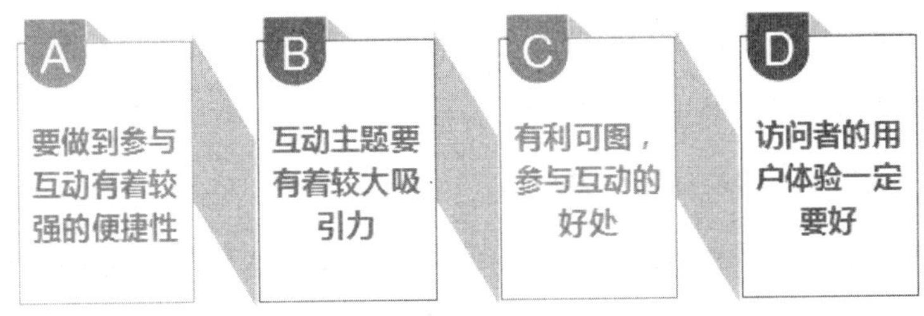

图3.6　自媒体人进行互动营销的方法

1.要做到参与互动有着较强的便捷性

在互动营销中，一个关键之处就是双方的互动，也就是说要让消费者能够轻松地参与其中，而不是要经过复杂的过程，否则消费者参与其中的几率就会大大减少。人天生都是有着强烈的惰性的，想要更好地带动消费者进行互动，就必须让互动的整个流程比较简单，能够让消费者很轻松地获得礼物。相反，假如你的过程很复杂，奖品又不够吸引消费者，那么，消费者的参与度就会大大降低，最终就达不到营销的理想效果了。

2.互动主题要有着较大吸引力

人们天生对感兴趣的事物都会有着更多的耐心。如果互动的主题不能吸引大家的目光，那么，大家的关注度自然也会随之大大降低。因此，在互动营销的过程中，选择的主题要有着创新的设计，有针对性、积极健康，只有这样，才能更好地吸引消费者的目光，给消费者留下一个好的印象，缩短彼此之间的距离，最终达到营销的目的。

3.有利可图，参与互动的好处

在互动营销中，要想更好地吸引消费者的目光，就需要有吸引消费者有的奖项和互动的好处。利益的驱动可以使消费者对于互动投入更多的时间和精力，而不是闲着无聊在打发时间。在这个过程中，企业可以采取有奖调查、产品的免费试用等方法进行互动，吸引消费者的目光，从而达到将产品推销出去的目的。

4.访问者的用户体验一定要好

互动营销中消费者的用户体验好与坏是能否达到营销效果的一个关键部分。当然，这个用户体验指的是一定程度上向消费者传达的愉悦感和实惠感。这个用户体验越好、越持久、越个性化，消费者与企业之间建立的关系就会越牢固，还能够促使消费者带动更多的人参与其中，增加参与人数，提高企业的知名度。

综上所述就是互动营销中应该注意的问题，只有巧妙地增加与消费者的交互，才能增加消费者对品牌的了解，充分考虑消费者的需求，增加商品的实用性。当然，互动营销的存在能够更好地满足用户需求和市场细分的需要。但是，在这个过程中，切忌不要盲目跟风、追求互动量而非长期效果、重互动轻营销，否则将得不偿失。

情感营销是在营销中较好理解的一种营销方式，也是互联网时代的一种新的“走心”的营销方式。在情感营销中需要从消费者情感需要出发，唤起和激起消费者的情感需求，诱导消费者心灵上的共鸣，这种将情感寄托于营销之中的方式使得有情的营销赢得了无情的竞争，最终达到了盈利的目的。

在当今这个情感消费的时代，越来越多的消费者在购买商品的时候看重的已经不是商品数量的多少和价钱的高低，而是为了一种情感上的满足和一种心理上的认同。在情感营销中，它能够营造出一种更好的营销环境，提高消费者的品牌忠诚度，是战胜竞争对手的一把强有力的武器。

1.可口可乐“一个能打电话的瓶盖”

在菲律宾，有超过1100万人为了寻求更好的工作机会，只身到海外打拼。只为了供给家人更好的生活，许多人长达数年不曾回家。可口可乐公司在菲律宾发起一项计划，资助这些长年在外的工作者回乡和家人团圆，整个过程被纪录下来，感动了许多人。可口可乐资助3名海外劳工，在他们的家庭不知情的情况下，帮他们付机票钱，为他们的家庭策划了团圆之旅。派出可口可乐的红色专车、专人接送，带给家人一个大惊喜。家人阔别多年后终于重聚的喜悦和激动，好多感人的画面，让镜头前的许多人流下眼泪。

有了可口可乐，幸福洋溢在每个人的脸上！细看可口可乐这场活动，预算不会太高，整篇故事只有4分钟27秒的影片，却成就了一则影响巨大的宣传影片！里面不必表演，不必假装，所有笑容，所有眼泪，都是真真实实的；这样的情感营销方式，与可口可乐全球推行的“打开幸福”活动完美应和。以单部影片的感染力就充分传播了品牌理念，一个月内就吸引了76万人观赏。可口可乐凭这一影片成功地在菲律宾社会掀起“新话题”。关注话题的同时，人们自然地联想到可口可乐的“温暖”。

2.John Lewis2015圣诞广告

与春节一样，每年圣诞节也是众多商家营销的重要节点。2015年，被美誉为最会拍广告的英国百货公司John Lewis在YouTube发布了万众期待的2015年圣诞广告“Man On The Moon”。不到3天时间，其视频在YouTube上的观看量已经接近1000万。据了解，英国百货John Lewis每年圣诞节都会推出一支圣诞节广告：2013年熊的故事，2014年企鹅与小男孩。几乎每一年的广告都能引起无数人的追捧。

在今年的这支广告中，我们也不难发现John Lewis把关注点聚焦于那些孤独的老人。与此同时，作为这次圣诞营销战役的一部分，John Lewis还与英国专门为老人服务的慈善机构Age UK合作，承诺凡是人们在John Lewis商店为老人购买圣诞礼物的销售收入将会全数捐给Age UK，用于改善英国当地老人的生活状况。此外，John Lewis还发布了一个叫做“A Man on the Moon”的APP，其中可以通过AR虚拟增强现实技术让用户看到栩栩如生的月亮，赢得众多粉丝的热捧。

情感的融入可以让营销做得更有人情味。一瓶可乐真的没有什么可以值得大家关注的，一个圣诞节的广告也没有什么值得引起大家广泛讨论的，但是一瓶可乐和一次与家人的通话、一个广告可以将“爱”传递给更多的人，这个意义就大不相同了。优质的营销除了创意之外，更绝妙的是将企业的社会责任和人文关怀融入到营销的创意中，向社会传递出满满的正能量，这才是情感营销的最为核心的部分。那么，究竟如何做到情感营销呢？在情感营销中应该注意那些问题呢？如图3.7。

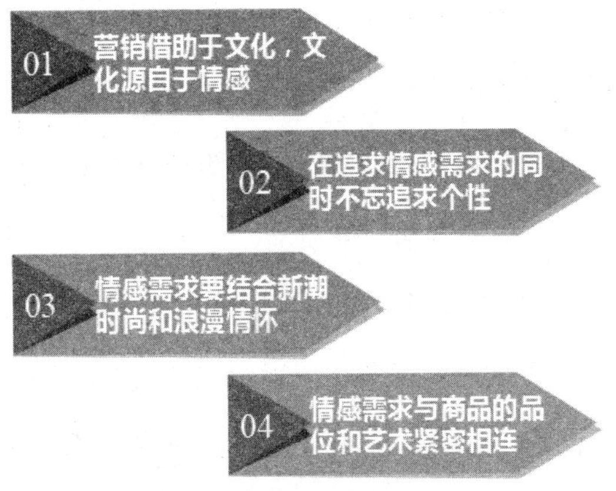

图3.7　做到情感营销的方法

1.营销借助于文化，文化源自于情感

在情感营销之中，很多企业或者自媒体者都会借助于文化的故事来更好地进行营销。文化是物质文明和精神文明的总和与积淀。随着社会的不断变化，人们的消费水平也在不断地提高，随之而来的就是消费观念也在不断地变化。消费者对于精神上的追求越来越高，而不再像以前那样仅仅只是满足于生活的需要，这就要求商品应有精神内涵和文化底蕴，归根结底就是要求商品要有情感因素，从而刺激其购买欲望。这就对营销提出了更高的要求，同样也寻找出了新的突破口。

当然，也有不少企业独具慧眼，早就充分利用中国悠久的历史文化进行营销活动，从而抓住了消费者的心。法国文化部长郎哥曾说："文化是明天的经济"，文化也是人类情感的载体。只有在营销之中牢牢锁定消费者的情感需求，才能够让营销更好地深入人心，成为符合时代潮流的一种新型经营方式。

2.在追求情感需求的同时不忘追求个性

在情感营销中，追求情感需求固然重要，但是要想更好地抓住消费者的心，就需要在利用情感需求来进行营销的同时，不忘个性化追求，从而更好地吸引消费者的注意力。当一个消费者考虑购买你的商品的时候，不得不说，理性的选择虽然也占据着重要的位置，但是心理和情感的因素也成为了一个主要判断标准。

随着生活条件的不断提高，越来越多的消费者开始追求个性化的需求，品牌的感性层面成为了越来越多忠诚的消费者的关注热点和评价商品的依据。万宝路广告就是以其极其个性张扬的情感形象，成为反映人们对当代都市生活的小小不满和对那种自由自在的乡野情趣的情感补

偿，因此，受到很多消费者的欢迎，并成为了其重视的客户群。

3.情感需求要结合新潮时尚和浪漫情怀

要想持久地吸引消费者的目光，让他们成为品牌的忠实客户，就需要在情感需求的营销之中结合当今的时代潮流，融合新潮时尚和浪漫情怀来留住消费者的心。当然，并不是所有的人都可以站在时尚的最前沿来对文化及社会风俗具有敏锐的感知能力和接受能力的，只有一小部分的人能够将情感需求和新潮时尚融合起来，从而引领起一股社会潮流，这也是情感营销需要做到的。

浪漫情怀和新潮时尚是当今消费需求的一个大的流行趋势，越来越多的人开始将这一情感需求融合在营销之中，成为吸引大家注意力的重要方式。“Poison”（毒液）是世界著名十大香水品牌之一，由法国克里斯汀迪奥公司于1985年推出。无论是香水的名字还是所属的品牌，都对猎奇心理的新潮女性有着强大的吸引力，要知道，这个神秘、脱俗、甚至有点吓人的名字本身就有着无穷的诱惑力，这已经是一种最好的营销。

4.情感需求与商品的品位和艺术紧密相连

对于当今社会，越来越多的消费者对于商品品位和艺术有着更高的要求。在情感营销中，要想长久地吸引消费者的目光，让他们成为品牌的忠诚用户，就必须学会突破品牌的感性形象，不断提升商品的品位，让它与艺术紧密相连，让它处于高于人们消费需求的一个层次，才能够更好地吸引用户，达到营销的目的。

情感营销不是万能的，但是加入情感营销是有着更大的可能的。相比于其他营销手段来说，越来越多的自媒体人开始将情感营销运用其中，就是为了更好地抓住消费者的情感需求，打造出用户的忠诚度。因此，在自媒体营销之中，要学会做有情感的营销，只有这样才能打造出用户的忠诚度。

在当今社会，相信大家对于会员这个名词并不陌生，有越来越多的企业和品牌开始推出会员制的购物方式，表面是为了消费者着想，实际上是为了更好地进行营销。而会员营销就是出现在这种情况下，这种基于会员管理的营销方法是商家通过将普通消费者变成会员，分析会员消费信息，挖掘顾客的后续消费力汲取终身消费价值，并通过客户转介绍等方式，将一个客户的价值实现最大化，最终实现营销的目的。

在会员营销中，要想更好地吸引和留住消费者，一般是可以通过会员积分、等级制度等多种管理办法，用来增加用户的粘性和活跃度，从而增加消费者在本品牌中消费的持久性和忠诚度。当然，这种营销方式可以帮助企业或者品牌掌管用户的钱袋子，采取更为精准化的营销和推广，最终实现盈利。

京东作为一个重要的网购平台，在全新的会员体系上线之后，开始宣布对积分体系进行调整，并且推出了全新的京豆体系。这就表示在京东的购物中，广大用户可以通过对购买物品的评价和晒单等多种方式赢取京豆，并且用于支付京东网站的订单，100京豆可以抵1元现金来使用，根据购买力的多少和积分的多少分为不同的会员等级，给予了用户较大的优惠，同时还吸引了更多的用户成为京东的会员。

当然，对于新的会员体系来说，京东也会视评价价值给予用户京豆奖励，会员等级越高，所获得的京豆也会越多。同时，京豆会员通过晒单向网友分享购物经历等方式均可获得京豆，大大扩大了营销的传播和扩散。因此，随着京豆会员体系的不断完善，给用户带来了更加方便快捷的购物体验，是京豆对用户体验的进一步提升，并且会员制度的实行，增加了用户对京豆网站的粘度，促进了营销的发展。

不得不说，京东商城是推行会员制营销较为成功的一个企业，根据购买力的多少，分为不同的会员等级，也会相应获得不同的京豆。相对于其他那些看不到、摸不着的优惠，京豆作为新推出的又一项会员制福利，确实可以实实在在地在购物的时候当做现金来使用。这不得不说又是一项极其吸引用户目光的福利，也是促进再次消费的重要营销模式。那么，如何更好地开展会员制营销，从而掌控住消费者的钱袋子呢？如图3.8。

1.要设计会员体系，尽可能选择最好的会员营销软件

在决定开启会员制的营销中，首先要选择合适的会员体系，尽可能地选择最好的会员营销软件，比如微信公众号等，只有这种耳熟能详、经常被大家使用的软件才能在推广的过程中减少一些阻力，也能面向更

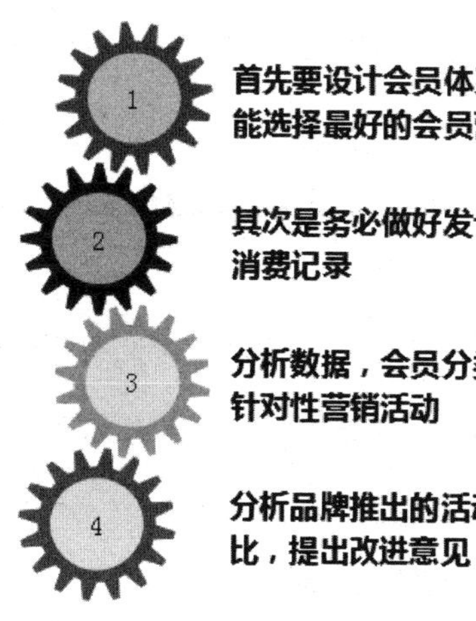

图3.8　开展会员营销的方法

多的受众群，辐射更多的消费者。因此，在自媒体时代，选择会员制营销就必须做到这一点。

2.务必做好发卡、记录消费记录

会员制营销的一个最大的意义就是将会员卡发给消费者，并且做好消费者的个人信息登记，方便消费者进行下次消费，也使得品牌对于消费者的生日福利，优惠积分等有着更好的掌握，从而更好地为消费者提供福利，牢牢抓住消费者对于品牌的忠诚度。

3.分析数据，会员分类，开展针对性营销活动

在会员中营销中，针对已有的消费数据进行分析，开展针对性地营销活动是会员制营销的关键。之所以推出会员制，就是为了促进再次消费。因此，在会员制营销中，分析已有会员的消费信息，将他们根据不同的购物需求进行划分，更好地开展针对性的营销活动，能够更好地提高销量，促进再次消费，为品牌创造更多的利润。

4.分析品牌推出的活动的产出比，提出改进意见

在会员制营销中，推出一些优惠活动来达到吸引消费者的目的是必

不可少的。通过这些数据的产出量对比，可以分析出大多数消费者的购物消费需求，最终更为准确、真实地提出改进意见，更好地进行针对性营销，在满足消费者购物需求的同时，为品牌创造更多的利润。

以上就是会员制营销中需要格外注意的几个方面。自媒体时代下，推行会员制营销可以更好地帮助企业找到潜在消费群体，判断其消费标准并进行准确定位。能够以最小成本满足消费者最大化的要求，提高了营销的效率。当然，会员制的营销也可以帮助企业有针对性地对消费者提出营销推送，从而实现最大的营销利润。

下篇

实战篇

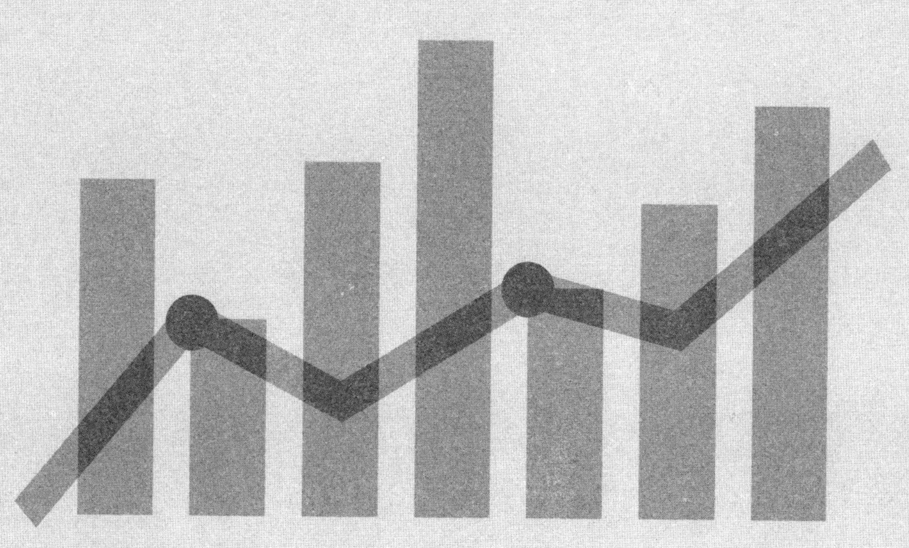

第四章

微信营销：用微信打造超级人脉和钱脉

自媒体营销时代，微信作为拥有着中国六亿粉丝的平台，已经成为了营销的一个重要工具。对于有着如此多粉丝的自媒体营销平台，微信已经受到了越来越多的自媒体人的关注，微信的普及化、国际化，让微信营销的覆盖面更广、营销效果更显著。因此，如果微信营销利用得好的话，将会打造出超级的人脉和钱脉。

随着科技的不断发展和人们生活水平的不断提高，人人一部智能机已经成为社会普遍存在的现象，而微信作为智能机中的一个重要社交软件，也成为了“促进”人们成为低头族的一个重要原因。腾讯公司作为微信的研发者，对微信的定位是“一个与朋友、私密关系群体交流的工具”。但是，在新时代的要求下，微信逐渐也成为营销人员的一个重要工具。

在微信上，通常可以通过手机通讯录和QQ好友导入并添加好友，而对于营销人员来说，很多人都会将自己客户的手机号存入通讯录或者添加到QQ上，再加上微信具有一对多及群发消息的功能，所以自然而然地具备了一定的营销功能，且广受大家的喜爱，成为自媒体人员营销工具的首选。

微信营销作为一个重要的营销方式，是一个天生就适合做小区业务的营销。由于近两年不断有商家开始使用微信招揽客户，进行营销，这就给位于深圳宝安的一家小区旁的蛋糕店带来了不少灵感。由于小区并不是很大，这个蛋糕店也一直处于一种维持本店基本利润的状态，每天不多不少的客流，而且大多数人都是店里回头客，再这样下去，蛋糕店很可能濒临倒闭。但是看到微信营销的事情之后，老板突发奇想，说如果能做好这些“吃货”的营销，并且通过他们的朋友圈口碑相传，这必将会是一个大的翻盘机会，也是一个大的盈利商机。

于是，老板开始了微信营销之路。他一开始通过店内促销、传单的形式获得了第一批公众号粉丝。接下来，蛋糕店还加大关于微信营销力度，持续推出了“关注有礼”的促销方式，使得粉丝数量不断增多。当然，有些客户不懂如何使用微信，店内服务员都会热心帮助。老板基本每天都坚持发些图文内容，包括主要蛋糕、运动、生活等等。最为重要的是每篇图文下面都有一个蛋糕小卡片，上面有微信定蛋糕的联系方式，可以方便送货上门服务。

就这样，老板坚持了半年左右，蛋糕店的微信公众平台粉丝数量达到了7000人之多。虽然对于大多数微信营销来说，这个粉丝数量不多，但贵在都是精准粉丝，对蛋糕店的促销和宣传起到很大帮助。就这样蛋糕店的月销售额也从半年前的7万提升到了13万多。虽然前期投入大量的精力和金钱，但是这为后期的发展提供了更好的保证！

由以上案例可以看出，蛋糕店由一家濒临倒闭的店成为了盈利可观的店，微信营销在其中发挥着不可替代的作用。通过已有回头客的朋友圈宣传和微信公众账号的信息发布，越来越多的人开始进入这家蛋糕小店，因此，微信成为这家小店营销的重要工具。那么，为了达到更好的营销目的，微信营销中都有哪些营销渠道可以使用呢？如图4.1。

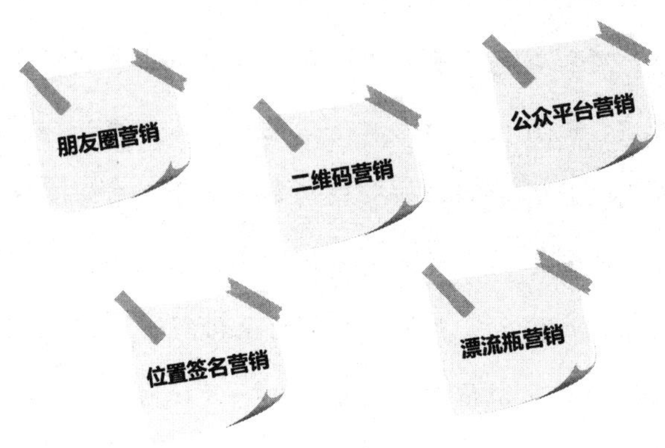

图4.1 微信营销中的营销渠道

1.朋友圈营销

近几年，朋友圈已经成为人们社交工具中一个获取信息的重要部分。朋友圈作为一种支持网页链接的传播方式，在营销中更是深得自媒体人的喜爱。由于微信朋友圈的信息流通具有一定的私密性，在这里发表的信息只可以由自己的好友看到，所以从营销上来说精准性更高、针对性更强，而且还可以跟好友互动。但是，这种营销千万要遵循适当原则，免得过犹不及。

2.二维码营销

当下，智能手机的普及率越来越高，二维码也成为了连接商家和消费者的一个重要工具，这种营销方法有着典型的受众主动性高、营销目标精确、具有较强的传播时效性的特点。商家通过建立自己的二维码，让消费者扫描并添加，使得营销者可以和消费者进行互动。当然，并不是仅仅让消费者添加后就可以带动消费者进行消费的，要学会用打折、限时优惠和优惠券的方式吸引用户，让消费者了解到店铺的活动，才能更好地促进消费。

3.公众平台营销

在微信中有一个公众微信，它是在微信的基础上开发的一个交流平台，它的广告语就是“再小的个体，也可以拥有自己的品牌。”公众微信一般包括订阅号和服务号，两者最大的区别就是订阅号可以天天发送信息，而服务号只能每个月发送一次。因此，要学会根据自己的需求选择合适的公众号类型。当然，企业或者商家也可以选择双号运行策略，服务号针对已有、固定的老客户；新号专门针对新客户，最终达到营销的目的。

4.位置签名营销

在智能化时代的今天，定位已经成为手机智能化的一个重要特点。在微信营销中，商家就经常利用“位置签名”来进行广告植入。这种方式一般是商家在品牌主页放入广告或者产品促销的信息，其特点是传播主体掌握着信息传播的主动性，传播渠道简单、快捷，目标受众精确，能够及时快速地获得信息反馈，具有良好的互动性。当消费者在微信中查找附近的人或者使用“摇一摇”功能时，便能看到这个营销信息，从而拉拢到附近的消费者。但是这种营销方式只能适合那些位置固定的可以定点定位的商家。

5.漂流瓶营销

漂流瓶是微信中独有的一项功能。商家可以将自己产品的有关详细信息放入瓶内，扔入大海，让用户在打捞到之后可以获取相关信息。但是由于这种营销方式随机性比较强，且不能有效地针对目标客户进行精准营销，所以在近两年已经逐渐被很多商家放弃。但是对于一些知名度较高的品牌，可以通过这种营销方式扩大产品的影响力。

以上就是微信营销中一些营销渠道，商家可以选择这些渠道进行营销。当然，在微信的营销过程中，商家切记要坚持“内容为王”的原则，只有内容足够吸引用户，用户足够多，那么，其覆盖率和传播率才会大大增加，微信营销效果也会大大增强。因此，在微信营销的渠道中，要坚持住“内容为王”的原则，让微信的这些营销渠道成为自媒体时代下打造超级人脉和钱脉的重要方法。

经常使用微信的人，对于微信红包的存在相信大家都不陌生。在大多数人的眼里，微信红包只有发红包、抢红包这两个功能。但是在自媒体工作者的眼里，微信红包要是使用得好，就能够使微信营销达到事半功倍的效果。在自己的微信好友中，可能有着许多我们关系并不熟或者不经常聊天的朋友，在微信营销中，就是要把这些已有资源进行充分利用。

在自媒体营销时代下，利用微信给别人发红包，表面上看是一件傻傻的事情，但是对于想要将产品推广、进行营销的人来说，是一个吸引粉丝、加深用户对自己印象的重要方法。比如说进入一个微信群，在里面发红包然后送电子书去吸引一些粉丝等等。

小王是微信化妆品总代理商，平时主要的任务就是招收代理。有一天，她在朋友圈发出一条消息，上面说到："今天我那个笨笨的小代理终于出了一单，我好开心啊，之前所有代理中，就她一人没出单，我可揪心了，现在终于可以放心了，我相信她有了第一单，第二单也不远了。趁着今天开心，我打算给小伙伴发发红包，分享下我的快乐。如果你想参与抢红包，请回复“参与”，回头我会把你邀请进群，参与今晚的红包派对，如果你不想参与，无需回复，打扰了，海涵！！”

另外，小王还针对这些人，不管是抢到了红包的，还是没有抢到红包的，都再次找到他们，说为了感谢他们的参与，可以免费给他们提供一个皮肤问题问诊的机会，免费帮助他们进行皮肤状况的测试，不收取任何费用。还可以参与微信群的抽奖活动，奖品人人有份。就在这个过程中，小王成功地将自己的化妆品推销了出去，还成功地招收到了一些代理商，一举两得！

可能在一开始的时候，大家还认为小王比较傻，白白地发红包给别人，还免费给做皮肤测试，明显地吃力不讨好。但是当一个又一个客户咨询的时候，就是小王销路打开的时候。舍小利得大益，只有舍得投入，才能有更大的回报，这就是微信红包营销的精髓。那么，究竟如何更好地利用微信红包，促进营销呢？如图4.2。

1.调动朋友圈的活跃性

要想微信红包营销达到最佳的效果，就必须充分调动好友的情绪，让朋友圈活跃起来。当然，如何来看朋友圈的活跃性？就是看你一条信息有多少人点赞或者评论。只有越多的人关注，才能更好地进行初步的微信红包营销。比如可以采用点赞送红包的方法，这条朋友圈的第6位、第8位等等点赞者可以获得微信现金红包支持，当然，这个红包也不能太高，达到吸引消费者的目光，让他们关注起营销的内容即可。

图4.2　利用微信红包促进营销的方法

2.微信好友的“裂变”

大家都明白一个道理，你的好友的好友就是你的潜在消费者。在当今社会，几乎玩微信的人通讯录里都会有着大几十个好友，好友又会有着很多好友，这些对于自媒体营销者来说，只要运用得好，都会是你的消费群体。因此，当你把自己朋友圈的活跃性调动起来之后，就可以发布一条已经让别人成功领取红包的截图，得到大家的信任，才能产生接下来的交易。接下来就是开始微信好友的“裂变”，同样是通过发送红包的方式来实现。

3.微信红包分时间段来发

在帮助自己转发朋友圈消息进行营销的人里面，可能有着关系比较近的人，但是要想带动大多数人的兴趣，还是需要以利益驱动的，也就是微信红包。但是，这个发红包也不一下子发出去，毕竟朋友圈信息也是可以快速删除的，要在发红包的时候至少将红包分成两次发出去，中间最少间隔30分钟。只有这样，才能让更多的人看到，反正对于现在的人来说，转发一条消息也只是顺手的事情。因此，这样的微信红包才能持续形成裂变，让更多的人加入其中，最终辐射到更多的消费群体，扩大营销范围。

利用微信来做自媒体，本身就是一项长期的工程，且见效慢。要想得到更多人的关注，并成为自己的粉丝，在最开始的时候必须加以利益驱动，而微信红包就是一个最为快速的方法。因此，开展微信红包营销是自媒体时代下，用微信来打造超级人脉和钱脉的一个重要方法，也是必要的前期投入。

在上文中，我们简单介绍了一下微信营销中，微信公众号的一些情况。但是，微信公众号作为微信营销中的一个主要营销渠道，还是令很多企业和商家在最开始接触的时候摸不着头脑。那么，到底如何开展微信公众号营销呢？订阅号和服务号究竟在其中有着什么样的功能呢？下面，我们将详细介绍一些开展微信公众号营销的方法。

微信公众号中订阅号

上文我们也简单了解过，微信公众号中，订阅号是显示在订阅号文件夹里，官方称之为“订阅号折叠”。在订阅号上，可以选择一天发布一条高质量信息给用户。在自媒体营销中，大多数媒体人都会选择订阅号。但是，在订阅号中群发消息的时候，手机是不会主动发送提示信息的，用户只有主动翻阅才会看到相关内容。

在订阅号中，很多人认为将文章放在订阅号折叠中会影响订阅号的影响力，因此用户在看订阅号的时候需要先打开订阅号的文件夹，从中找到订阅号，然后点击订阅号才可以开始阅读。这样一来，肯定会影响信息推送的达到率的，却有利于维护整个微信生态圈的发展。

当然，对于一些高质量的订阅号来说，虽然订阅号折叠对于用户阅读的时效性有着一定的影响力，但是总体来说，影响还是微乎其微的。因为这些公众订阅号定位清晰、准确，内容真实有效。因此，在选择公众号订阅的时候务必要做到将文章内容品质提上去，吸引并留住用户。

公众服务号的特点

公众服务号是微信公众平台下的另一个账号类型，目的就是为了给用户提供服务。微信服务号主要是一些知名度较高的品牌或者商家在使用，因为服务号不同于订阅号可以一天发布一条信息，而只能一个月发布一条。但这条信息会显示在好友消息列表，有消息提醒功能，可以最大程度地保证内容阅读的时效性。

当然，最为关键的一点是，服务号与订阅号的最大区别在于服务号有一个自定义菜单功能，而订阅号是没有这个功能的。这样一来，服务号能够更好地针对客户进行精准化营销。但是信息的发布条数受到控制，对于一些知名度不高的企业和商家来说，并不能达到较好的营销效果。

据统计，微信公众号在2015年年底，已经突破1000万的规模，不得不说在自媒体营销之中，微信公众号营销已经屡见不鲜了。郑老板红酒微网店（yupinwine9）就是在这样的情况下出现的。在2015年的时候，郑老板的微网店已经达到了月收入最少一万元以上的经济效益，并且拥有了两万多的粉丝。

在2014年年终，郑老板辞去了东莞的一家红酒公司的销售经理的职务，凭借自己对网络推广的了解和互联网的敏感度开始进行红酒微店营销。而微信自然就成为了郑老板的首要选择。但是，在开店之初，鉴于从网络上引进粉丝成本较高，且自己又没有任何平台。于是郑老板利用淘宝好评返现的这一现象，将带有自己微信二维码的卡片发放给淘宝商家。就这样，自己的微信公众号的粉丝不断增加，并且自己每天不停发布关于服饰、打扮、美容、生活等各个方面的内容，最终不断吸引粉丝的目光，创造了利润。

选择适合自己的公众号

了解完订阅号和服务号的特点后，要想更好地开展微信营销，就需要根据自己的实际情况来选择合适的公众号类型。

首先，要根据自己的需求来选择公众号类型。如果是一些知名度不高的企业，选择服务号的话，一个月发布一条消息，无异于石沉大海，根本达不到扩大知名度、加大营销力度的效果，所以选择订阅号是最为合适的，可以每天推送一些高质量文章，扩大企业和商家的知名度，也可加大与用户的互动力度，赢得口碑。等到最后用户数量足够多，订阅号无法满足用户需求的时候，再升级为服务号也是不晚的。

其次，就是如果选择使用服务号的话，要有一定的品牌知名度和技术开发能力，能对自己的服务号有一定的系统规划，否则还不如使用订阅号来进行营销。但是对于一些经常和用户发生关系的企业，比如银行、电子商务企业、航空企业、火车站等等，应该选择服务号，便于为客户提供更好的服务。

最后，也可以选择双号营销，但是对于企业来说，就是增加了一项投入和支出。订阅号可以每天发布信息，对于开发新客户、培养潜在客户并把他们转化成成交客户有着很大的帮助，能够有效地提升客户数量。而服务号因为一个月只能发布一条消息，而且具有消息提醒的功能，因此非常适合服务老客户，起到精准营销和提醒的作用即可。因此，对于一些需要采用双号营销的企业和商家，就是将订阅号和服务号分开推广，针对已有的固定老客户，采用服务号，保持与他们之间的联系即可，而对于那些新客户，就每天推送信息，培养用户好感，最后促成交易。

最近，微信朋友圈营销越来越火，不仅有越来越多的自媒体者开始加入微信朋友圈，而且还有越来越多的微商也加入其中，以至于大多数人的朋友圈都被那些乱七八糟的面膜、化妆品信息所覆盖了，也让人越来越讨厌，信任度也越来越低。但是自媒体和微商还是有着很大的区别的，虽然都是在朋友圈中进行营销，自媒体却能够依附于自身的人格魅力获得粉丝的信任，从而创造更高的转化率。

在微信营销中，朋友圈是进行营销的主要“战场”，越来越多的自媒体人开始加入微信营销行列中，成为微信营销中的一员，朋友圈营销的开展自然也就成为了重中之重。但是对于微信好友来说，过于频繁地发布朋友圈消息可能会让用户拉黑或者屏蔽了动态，这种营销效果反而适得其反。因此，对于自媒体营销来说，如何开展微信朋友圈营销成为了发展的重中之重。

李静是一个年轻的90后女孩，向往自由，不爱受束缚。在大学毕业之后，成为了一个韩国知名品牌的面膜代理商，主要在朋友圈发布信息，吸引自己的好友进行购买，并且加以分享和传播，扩大面膜品牌的知名度。李静作为这个品牌早期发展的唯一一个代理商，在进行营销宣传的时候，并不是一味地进行产品信息的介绍，更多的时候还是会不断发展出新的代理商。于是，为了更好地扩大代理规模，李静向韩国品牌产家申请了一项新的优惠："购买面膜超过三百元钱就可以成为这个面膜的代理商。"因此，李静开始在朋友圈一边进行产品的宣传，一边招聘新的代理商，使得面膜代理商越来越多，最终自己还成为了此款面膜的总代理商，实现了自己的个人价值。

当然，为了更好地进行面膜的宣传，李静在朋友圈进行营销的时候，一直坚持分享最真实、最有价值的信息给好友，经常用顾客的评价和效果展示在用户面前。并且，经常还会和微信好友主动聊天，听取他们使用面膜之后的意见和评价，更好地取得了好友的好感和信任。同时，李静还认为，朋友圈的信息不能够完全为了工作而存在，还要经常分享自己生活中的一些内容，或者一些自我心得，让用户更加喜欢这种营销方式。

在最开始接触自媒体的时候，相信很多人都会有这样的经历：不断在朋友圈发布消息，不断发微信红包吸引粉丝，让好友也帮助转发进行推广，但是往往效果不尽如人意，也吸引不了更多的粉丝。那么这究竟是为什么呢？其实，相信在开展自媒体营销的时候，很多人都会有着这样的疑问，为什么自己的自媒体品牌始终吸引不了大家的注意力呢？在微信朋友圈中究竟怎么玩才有意思呢？其实，只要做到以下几点，相信你会感觉到做自媒体营销其实很简单。如图4.3。

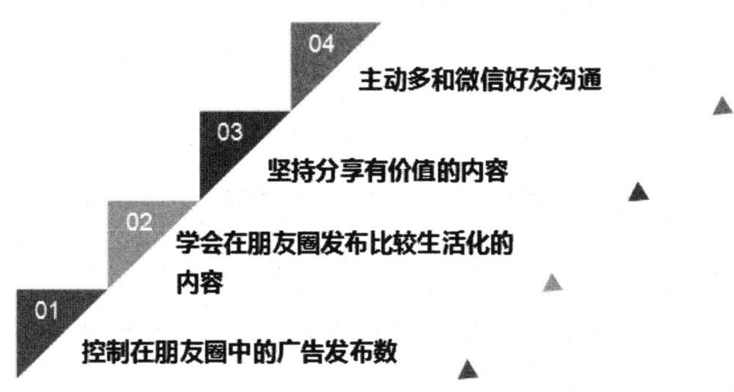

图4.3　玩转微信朋友圈的方法

1.控制在朋友圈中的广告发布数

在微信朋友圈中，越来越多微商加入其中，使得微信朋友圈成为了广告的聚集地。但是在发布广告的时候大家可以设身处地地想一下，假如你的朋友圈到处是一些对自己来说没有价值的东西，那么，你是否还会关注它呢？还会产生购买的欲望吗？一两天可以让用户当做是新鲜的谈资来看，但是一直轰炸式的刷屏就会引起用户的反感了，从而适得其反。

在自媒体时代的朋友圈营销中，务必要控制发布产品广告内容的信息数量，不得不发的时候也要尽量以软文的方式嵌入，尽量不要用很直白的硬广告，不然容易引起用户的反感。当然，有时候也可以利用反问的语气来带动粉丝，引发互动和讨论，让粉丝产生一种回答的欲望，从而愿意深入了解产品，达到营销的目的。

2.学会在朋友圈发布比较生活化的内容

刷朋友圈已经成为智能手机时代下的一个显著标志，分享一些有生活化气息的内容，可以拉近彼此之间的距离。在自媒体中，微信朋友圈要想吸引大家的注意力，就要学会分享一些有个人生活内容的信息，从而让别人对你产生良好的第一印象。

在朋友圈的营销中，你可能经常会添加一些你自己都不认识的人，那么，如何让这些人能够不删除你或者说不屏蔽你？他们一般可能就是直接和你沟通交流或者是查看你的以往朋友圈历史。如果你以前经常发布一些广告信息或者是负面信息，那么可能就会让他们对你产生不好的印象，不利于之后营销的开展。但是假如他们发现你经常发布一些比较生活化的内容，比如做饭、旅游之类的，那么，他们就可以看出你这个人比较生活化，有利于接下来营销的开展。

3.坚持分享有价值的内容

之前上文中提到过，在自媒体营销中要坚持“内容为王”的核心原则，这就是说，在自媒体营销内容的分享中，要学会分享一些有价值的内容，才能够给用户带来一定的思考。不管是一篇文章、一段话，还是一句话，只要能让用户在读完之后，没有产生“也不过如此”的想法，那就说明，你是成功的。

当然，在这里，有价值的内容是不会局限于一个固定的方面的，可以是自己的一些读书心得、生活感悟，也可以是一些好看的电影、视频等等，只要是有价值的输出，有着积极正能量的内容，都可以得到大家的认可。

4.主动多和微信好友沟通

有人说：“既然做微信朋友圈营销，那么，只要管好朋友圈就行了，至于对微信好友就不必有太多的了解了。”其实不然，设身处地地想一下，你在做朋友圈营销的过程中遇到做营销的，却始终没有和你产生任何交流，那么，即使他的营销做得再好，也对你没有任何影响和意义。因为汲取别人的成功营销经验对于提升自我营销能力是有很大帮助的。

另外，你想要达到最好的营销效果，就必须不断地去和朋友圈好友进行交流，不断地去接触这些人，让这些人对你产生信任度，逐渐潜移默化地将其转化为自己的粉丝，这才是对自媒体营销来说最为重要的意义。因为只有你和粉丝之间有了信任度，那么对你来说，最后达到盈利的方式就可以多渠道化了，信任是产生交易的前提。

以上就是如何开展微信朋友圈营销的方法。要知道，开展微信朋友圈营销不是一朝一夕的事情。自媒体营销本来就是一个投入成本小，但是需要用心去维护，慢慢见效果的方式。因此，自媒体人要做好充分的准备，有着越挫越勇的决心，只有在营销过程中真正做到以上几点，才能更好地达到你想要的营销效果。

在微信中，有一个群聊的功能。在这里，你可以实现多个朋友之间的交流，也可以与客户发起群聊，介绍企业的产品、品牌等，还可以群发图文信息，提升推广内容的曝光率。微信群的诸多功能就使得越来越多的自媒体人加入其中，利用这个渠道做好微信营销。要知道，群聊比单聊效率要高很多，如果利用得好，就很容易扩展自己的品牌知名度。

李美是一个微信推广汽车的专员，在公司的不断发展中也有了一些固定的客户，并且还在不断扩大企业规模，自然粉丝数量也在不断上升。而对于一些重要客户，李美都是拉进自己的微信群，以方便和客户进行更好的沟通。但是，在微信群开始进行营销的时候，结果却不尽如人意。有一天，经理就问李美，你平时是如何进行微信群的营销的呢？

于是李美就开始说她平时的营销情况。在平时上班之后，李美就开始准备公众号的文章发表，写完之后就发送到朋友圈和微信群中，并且有时候会连续发几遍，因为怕群里的有些成员说话，没看到。然后将最新的车辆信息发给大家，并且希望大家多多转发，从而让更多的人关注起来。

听到这里，经理说到："小李，你犯了一个致命的错误，就是仅仅把自己当成营销的传播主体，而没有考虑到传播受众粉丝的感受。设想一下，假如你是咱们公司的客户，但是让你天天接受咱们公司的广告宣传，你愿意吗？并且还不分时间，可能打扰到自己的工作。最为关键的是，在微信上进行宣传，是你的工作，却不是客户的工作，他们是没有义务来免费帮你宣传的，你要学会调动他们的情绪。"

听完经理的话后，李美终于明白为什么自己那么尽力地进行营销，却收效甚微了。自此之后，她再也没有犯过类似的错误了。

微信群作为微信的核心功能之一，在群聊的过程中要想更好地达到想要的营销效果，就必须了解到微信群群发的注意事项，只有在不引起消费者反感的基础上扩大粉丝数量，才能更有利于自媒体者营销。那么，在微信群群发的过程中应该注意哪些问题呢？如图4.4。

1.选择合适的时间进行群发

最好选择在休息时间发言，在微信群聊中，越来越多的人开始利用群聊发表一些想法或者是不着痕迹地进行一些营销。在这个过程中，就需要选择合适的时间段，以免打扰到大家，引起大家反感。一般来说，自媒体人可以选择在早上七点到九点这个时间段，或者是午饭和晚上十点以后的时间来进行发言。这几个时间段，大多数的人不是在坐车，就是在等饭或者准备睡觉，一般都会拿出手机来，这时候发言能够最大程度地保证营销的时效性却又不至于打扰到大家。

2.请勿发布广告，尤其是硬广

在微信群发的过程中，群里会有很多人，但是大多数人都会讨厌在群里发布广告。就好像一面原本很干净的墙上全都是粘贴着小广告，这无疑会引起大家的厌恶。在微信群里也是如此，原本是一个很好的交流平台，如果有人大量地在里面发布广告，可能引起大家的反感，因此切忌在微信群里发布广告，实在要发也是不着痕迹地发一些软广告，可以以活泼、生动的语言来引起大家的注意。

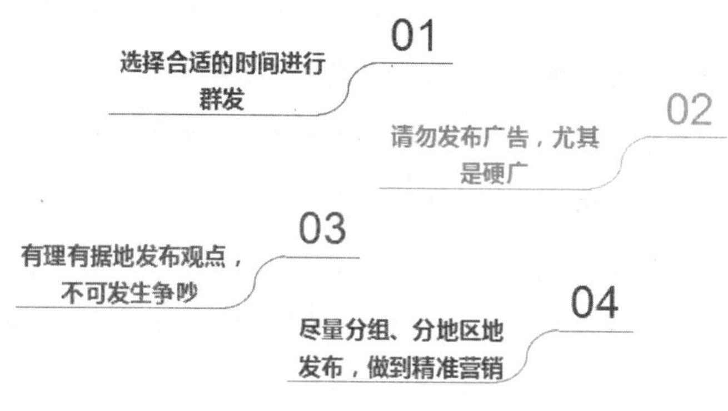

图4.4　微信群发的注意事项

3.有理有据地发布观点，不可发生争吵

既然是微信群，进行群发，那肯定所要面向的受众是很多的，有着不同的意见是难免的。当你在微信群里发布了观点时，肯定也会有很多人进行反驳，这时候就需要观点的发布者有理有据地和他们进行争论，但是切忌不可进行语言攻击，发生争吵。只认为自己的观点对，却又拿不出证明的论据，这种做法无疑是非常不明智的。

4.尽量分组、分地区、分性别地发布，做到精准营销

在微信群里，由于人数过多，自媒体人可以选择针对不同的人进行

精准营销。而不是老是将对别人无用的信息推荐出去，这样最终会引起大家的反感。每个微信号都会要求大家进行个人基本信息的登记，并且在一定程度上是可以公开的。自媒体人就可以利用这个信息充分了解群里成员的性别、地区，尽可能地分别发布，做到精准营销。

当然，微信群也有一些不完善的地方，就是群成员都可以邀请自己的好友加入群，但是却没有管理权限，也只有创建者才能删除好友。这样就造成了如果有着过多的群成员，发布的消息过多的话，沟通效率就大大降低了，就无法了解到用户的情况，从而无法更好地进行自媒体营销。

麦当劳作为全球最有影响力的快餐企业之一，除了在电视和平面媒体上经常看到他们的广告外，他们的微信营销也做得确实不错。2014年4月，麦当劳首次开通微信公众号的功能，开始进入微信营销的视野中。自此之后，麦当劳彻底进入微信营销中，将微信变成了营销的另一个平台。

麦当劳作为一个定位准确的餐厅，在微信营销中利用签名定位的功能进行营销宣传，通过寻找附近的人，向他们推荐麦当劳的特色食品，从而达到营销的目的。当然，在麦当劳的营销和宣传之中，粉丝力量是不可小觑的，甚至有人调查说麦当劳和肯德基的门店能辐射到中国10亿人。

在2016年的七夕情人节来临之际，麦当劳在七夕用中国年轻人的话语讲述了一段可能发生在你我周围的对话。“以后，你饿了，我买单”“每一份半价，想到的都是你”“看到你，我迅速吃完了甜筒，不是怕你过来抢，只是为了腾出手来抱抱你”等等，这样平实却又与麦当劳紧紧联系在一起的文案，让人感受到了年轻人在一起相濡以沫的珍贵情感，让大家将情感寓于麦当劳之中，更加有利于其营销推广。

在2016年9月份来临之际，麦当劳推出一系列优惠活动。尤其是在微信订阅号中说到：“9月新品优惠券？买一送一？10元两个？统统是你的！”这其中就包括麦当劳在9月份推出的一系列优惠活动。文章不仅重点点出优惠所在，还配以活泼、顽皮的文字，让人不由自主地想要点开看看。尤其是还配有图片，让人看了更是垂涎三尺，想要去门店约起来，享受优惠，并满足味觉的享受。

在麦当劳的营销之中，由于其知名度已经在内地市场扩展开来，并且有着一群忠实的粉丝，有着固定的门店。不仅可以利用定位、签名来让用户搜索到自己，还可以利用公众号来与老客户维持关系，从而将更多的优惠活动推荐给大家，最终达到营销的目的。那么，麦当劳是如何更好地做到微信营销的呢？

1.摇一摇的优惠、附近的人的推荐

在微信营销中，最开始很多人都会通过摇一摇查看附近的商家，看一下附近的人推荐的优惠而又好吃的商家，而麦当劳当时就利用门店固定的方式，加大对微信营销中这方面渠道的投入，让老客户进行评价和推荐，从而吸引更多的客户来门店进行消费，最终达到了较好的营销效果。

智能化时代的一个最为明显的标志就是人手一部智能手机。而很多人也已经习惯了走到哪里，就利用微信找到吃饭的位置。而麦当劳显然就是深谙消费者的心理，在摇一摇和附近商家最开始被大家广泛使用之际就加入其中，成为大家的首要选择，最终达到了营销的效果。

2.订阅号的话题接地气，紧锁年度关键词

在麦当劳的营销之中，订阅号是一个向消费者发布最新消息的有力武器。而且麦当劳的订阅号的话题比较接地气，经常围绕网上热议的事件出话题。比如：模仿同道大叔出的系列漫画“……星座都是这样吃麦当劳的”、圣诞款的姜饼、麦咖啡的独特纸杯的广告词：“做一个耐撕的杯”等等，都是他们订阅号中吸引消费者目光的“10万+”文章。

麦当劳的如此火热不是偶然的，而是它在不断保持与时尚接轨的必然结果。在麦当劳的服务号里越来越多的都是软硬广告精良制作的精神，不仅仅每个插图都透漏出原创设计的吸引力和有趣的小心机，还不断与时俱进，在主流文化的基础上构建出了自己的品牌形象与文化，让更多的人认识到了它。

3.通过朋友圈“裂变”传播

在麦当劳的营销之中，通过已有的老客户向他们的朋友主动转发麦当劳的最新优惠活动，从而吸引更多的粉丝，这也是它的一个主要营销方式。在麦当劳的微信公众号上，经常会秀一些麦当劳的新品，而且每一个新品都配以一张高清的图片，让人看了垂涎三尺，以至于不由自主地想要转发到朋友圈中，让更多的人看到。因此，这样转发下去，麦当劳就又会多了很多粉丝，不断受到更多人的关注。

在微信营销之中，麦当劳无疑是成功的，无论是学生还是白领，都无法抗拒他的诱惑。通过微信营销的麦当劳，在智能化的今天，让大多数人们了解到它的最新优惠活动，并且找到自己最喜欢、最优惠的套餐，也使得粉丝数量不断增加，开拓了另一个营销市场，为麦当劳节约了大量的人力和金钱，却创造了更高的利润，这也是自媒体时代下微信营销需要达到的效果。

在2016年，红米手机累计销售1.1亿台的消息一经发布，就引发了热烈的讨论。究竟小米手机是如何做到如今这般成就的呢？不得不说，与微信营销有着莫大的关系。现如今微信营销作为一个自媒体的主要营销渠道，已经受到了越来越多企业和品牌的重视。而在微信的营销发展中，小米企业在微信营销上取得了骄人的成绩。越来越多的企业开始将微信营销作为企业中的一个重点发展方向。

在2016年的2月份，小米公司全面开启小米手机5的发售，小米5是小米公司2016年最为重要的产品之一。从同年的2月份到4月份，小米5手机由于关注度极高，几乎每次在官方一开卖的时候就会售罄，速度之快令人难以现象。因此也招来了大批粉丝的痛斥。针对这种情况，小米公司开展了一个活动，那就是："微信预约小米之家提货"。

在小米官方的通知中，用户可以通过关注小米之家官方微信公众号，然后进行预约购买小米5。用户通过微信公众号进行小米5预约，成功预约到的用户，可以在自己预约的那个时间段内，到当地小米之家现场直接购买小米5（一位用户仅限购买一台）。在时间上，小米定在从今往后每周五下午14：00点进行手机预约。这样一来就是线上预约，线下取货模式，大大缓解了用户在官方活动中抢不到手机的难题，同时也吸引了大批粉丝的关注，给小米公司创造了更高的利润。

据了解，小米企业的微信公众号有着105万的粉丝，由9名后台客服人员来回复每天100万粉丝的留言，这也就是小米企业著名的“9：100万”的粉丝管理模式。也正是因为对粉丝有着如此的重视度，在小米企业的营销之中，微信营销成为了将潜在消费者转化为自己客户的一个主要工具。那么，小米企业有着如此大的营销数据，究竟是什么在其中做出了主要贡献呢？如图4.5。

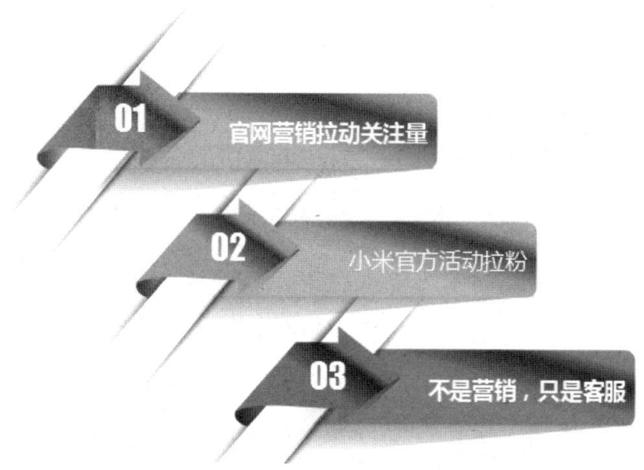

图4.5　小米企业的微信营销技巧

1.官网营销拉动粉丝关注量

在小米公司的官网中，经常会采取饥饿营销策略，每当发布一款新产品的时候，都会在官网上提前公布时间，可以在固定的时间以超低的价格买入，从而吸引大量“米粉”的关注。而在这个购买的过程中，有一个关键的步骤就是需要在“点击预约”下面，有个小米官方微信公众号的二维码，关注二维码可以获取小米的最新消息。这是将小米的原有粉丝转化为潜在客户群的重要方法。

2.小米官方活动拉粉

在互联网不断发展的今天，想要了解任何一个公司的第一手资料，大家习惯性地就是打开其官方网站进行了解。而小米的官方网站的活动就是帮助小米公司吸引粉丝的一个重要方法。要知道，小米是一个十分主张用户体验和与用户互动的公司。在微信营销中，也经常采用活动营销的方式来激活老客户、拉近新客户的注意力。因此，在小米公司中，微信营销活动也是其将粉丝转化为客户的关键。

3.微信营销：不是营销，只是客服

小米公司给自己的微信营销做出了一个准确、清晰的定位，虽然是微信营销，但是不直接做营销，只是担任客服的职责。当然，这个定位也是和微信的产品形态有关系。要知道微信的关键词回复机制，很适合打造自助服务的客服平台。小米还专门开发了一个技术后台，普通问题就是关键词的模糊、精准匹配，一些重要的关键词，比如死机、重启，会找到相应的人工客服。要知道，最好的营销就是不着痕迹地解决消费者的问题，从而让他们对自己的产品产生信心，那么自然就有购买的欲望了。

当然，小米的微信营销取得成功的经验告诉我们，能够卖出1.1亿台红米手机与能够有一百万粉丝关注的小米官方微信号有着莫大的关系。在微信营销中，能够重视到粉丝的问题，并及时解决他们的问题，是最终能够将路人粉转化为小米企业的潜在客户的重要途径。

在当今社会，越来越多的人开始将微信营销作为卖产品的主战场，不断刷屏式的发布信息，企图引发人们的购买欲望。这种方式虽然在一开始能够达到一定效果，但是在如今，早已经引起了消费者的反感，打扰到了他们的正常生活，产生了适得其反的效果。因此，小米公司营销的成功不仅仅是依靠企业本身产品的高配置低价格来吸引客户，还有着对市场环境的细心洞悉能力，从而准确把握市场动态，让微信营销成为了自媒体营销中的一把利器。

案例：草根微商卖卤菜卖进《最强大脑》

在2015年3月，微信朋友圈被一篇文章不断刷屏了。文章主要说草根微商将卤菜卖进了《最强大脑》栏目组，并且受到了他们的青睐。卖自制卤菜的微商创业者宋强从一开始就没玩过微信，更不会用淘宝，连产品也是现学现卖。但他通过自己的努力，不仅打造了属于自己的品牌，并最终将产品卖进了《最强大脑》节目组。

“麻纠纠”微店是从2014年10月开始营业的，用了不到五个月的时间，通过自己的努力，让这家店成为了至少拥有5000个稳定顾客的微店。那么，宋强究竟是如何在微商创业时代，不玩代购、不玩代理，却能够做到每月最少稳赚30万元的呢？

在宋强创立“麻纠纠”之前，他也经历过无数次的失败，并且为了配置出最好的卤菜，不断和妻子实验，最终在扔掉了一万多元的食材以后，研制出来最理想的卤菜，开始了在微信上卖卤菜之旅。

最终，在2014年10月，宋强在朋友的帮助下，开了这家名叫“麻纠纠”的微店，开始了试卖之旅。出乎意料的是，在开业当天，店里就卖了600多元，这无疑给了宋强莫大的鼓励。于是，在接下来的一个月，他加大营销力度，在第一个月内就卖出了大概3万元的产品，第二个月卖出了7万元；最终到今天，每个月最少有30万元的产品卖出。

随着名声越来越大，宋强的微信好友已经接近了微信最高人数5000人，业务覆盖了全国各地，尤其是以北京、江苏、重庆等地的顾客居多。直到有一天，宋强在填写快递单的时候，发现地址竟然是《最强大脑》栏目组。但是宋强想到现在网店有着如此之大的客户群，或许《最强大脑》栏目组知道这个，也并不稀奇。

业务越来越多，名声越来越大，使得宋强开始意识到他必须将业务扩展开来，他在淘宝上也开始做“麻纠纠”的生意。同时，为了保证消费者吃得放心，并且得到大家的认可，宋强在重庆本地的一个美食平台上开展了一个“悬赏20万请网友找添加剂”的活动，这个活动持续了一个多月，最终以“无人找到”结束。

宋强的世界观是：“我们的产品不会放任何的添加剂，像现在夏天要来了，我们也打算放冰块来保持卤菜的新鲜度。”宋强“麻纠纠”自制卤菜的成功绝不仅仅是一个偶然的现象，而是在微信营销发展的时代，抓住机遇，更好地进行营销发展。那么，宋强究竟在微信营销上有什么样的技巧呢？如图4.6。

1.好品质才有好客源

在宋强的微商发展之路中，他始终坚持将最好的产品卖给消费者。

“麻纠纠”自制卤菜始终坚持让产品保质保鲜，有着自己的特色和味道，从不将添加剂放在产品中。宋强的精益求精是始终让消费者所放心接受的原因，也是在任何时代下，都不会丧失客源的优势。因此，好品质才能有好客源一直是他所坚持的，也是所有自媒体营销人士应该记住的。

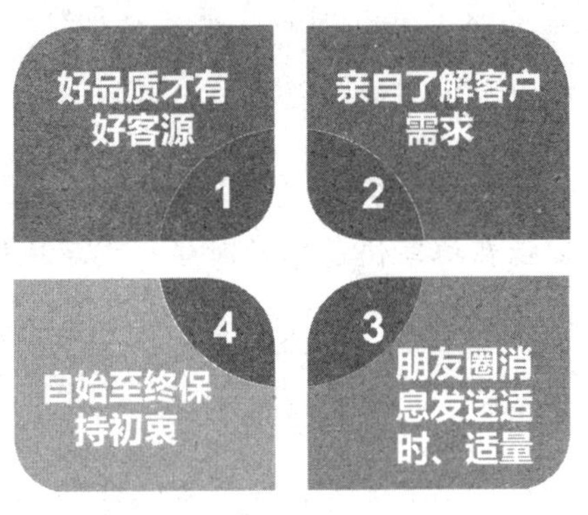

图4.6 草根卤菜的微信营销技巧

2.亲自了解客户需求

当然，在宋强的营销之中，他不仅仅是将产品做到了极致，更是非常注重消费者的感受，服务做得也十分到位。因此，为了了解消费者的需求，在“麻纠纠”的营销过程中，一直是宋强担任着客服的工作，而其目的只是为了第一时间去了解大家的需求。只有亲自去了解用户的需求，才能制作出更受用户欢迎的产品，达到最佳的营销效果。

3.朋友圈消息发送适时、适量

在自媒体营销中，微信营销的人一般都是采用在朋友圈广发消息，以达到引起大家的注意力、最终实现营销目的。但是宋强却从来不这样做，因为大面积的刷屏不仅会引起消费者的反感，还可能会被消费者拉黑。因此，在宋强的微信中，他从来不刷屏，他每天只发四五条朋友圈，内容主要有两类，一是与“麻纠纠”有关的，比如打单、出货、今日多做的卤菜、下单截止时间等；二是宋强个人的所见所闻所感和个人的生活。

4.自始至终保持初衷

在微商的大环境之下，越来越多的人加入微信营销之中。但是，为了得到更多的关注，微商的道路却越走越远，最终偏离了原始的初衷，以至于让很多人对微商产生了严重的误解。更严重的是存在盲目吸粉，产品跟风、品质低劣等等问题，这是在微信营销中一个大大的忌讳，也是在微信营销中客源流失的一个主要方面。

以上就是草根微商宋强能够将卤菜卖进《最强大脑》，以及微商道路越走越远，受到越来越多的人的喜爱的原因。微信营销不同于其他营销方式，只有真正将产品做到极致，了解到用户的需求，真正将营销做到用户心里，才能在这个平台上达到最好的营销效果，否则，将得不偿失。

第五章

微博营销：把产品和服务搬到微博上

在2010年，微博成为一种快速发展的自媒体平台，有人就将这一年称为“微博元年”。由于微博有着广泛的受众群体，在微博上进行自媒体营销的企业和个人数不胜数，越来越多的自媒体业者开始将微博带入营销之中，把产品和服务搬到了微博上，使其成为了一种不可小觑的自媒体平台。

著名导演冯小刚曾经对微博做过这样一个评价：“我终于有一份自己的报纸了，有了微博就好像有了‘冯通社’。”其实，在微博刚刚进入我们生活的时候，大多数人并不认为微博能够给我们带来多大的变化。但是随着社会的不断发展，微博作为一个有着及时性的社交工具，受到了越来越多人的重视。只要短短的几十秒时间，就可以实现信息的发布和反馈，实现了其他媒体无法做到的随时性。

微博是一个属于自己的平台，只要你有微博，就可以掌握话语权。在自媒体营销中，微博营销已经成为自媒体人的主要营销工具之一，越来越多的企业也开始加入其中。要知道，如果能够很好地运营微博，就可以随时随地召开全世界范围内的“新闻发布会”，从而引起更多人的关注，将“路人粉”转化为自己的忠实粉丝。

在2015年2月8号举办的俄罗斯索契冬奥会，是一次全球性体育盛会，吸引了全球的目光。但是在凌晨开幕式的时候却出现了戏剧性一幕，奥运五环有一个环没有打开。这件事一经发现，就引起了大家的广泛讨论。敏感的企业开始抓住机会进行借势营销，红牛也借势推广其“能量”诉求，提出了微博热议话题：“五环变四环，打开的是能量，未打开的是潜能”，以此来吸引体育爱好者的目光。

在如此重要的场合上，五环变四环是一次失误，是一种不完美和瑕疵，社交媒体上因此也出现了很多的“负能量”话语。但是，红牛却正好反其道而行，并没有迎合网友的说法，而是利用此次事件进行了完美的大翻转，翻转网友“负能量”认知，从“能量”“潜能”“正能量”的角度出发，对这次事件给出正面、积极的看法，并把产品功能进行了很好的传播，由此得到了更多人的关注，扩大了粉丝规模。

由以上案例可以看出，微博的营销不是可以随随便便去撰写的，更不是一味地去迎合粉丝的想法。对于大多数自媒体人来说，在微博发布时，虽然没有其他媒体上很多关于编辑、审核等的复杂程序，但还是需要对微博内容有着准确的定位，真正做到有价值地撰写和发布，从而达到最佳营销效果。

在微博上，信息的发布并不是单一的文字和想发什么就发什么的。要想让自己的微博受到更多人的关注，就需要对于微博内容有一个清晰、准确的定位。究竟自己的微博是为谁而写的呢？是为亲戚朋友而写还是为自己而写？是为了记录自己的生活，还是为了社交，分享自己的学习知识呢？对于这些问题一定要思考好，只有这样，才能得到更多人的关注，从而让分享做到最大化。

究竟如何撰写微博内容从而达到营销效果呢？这就要从微博的内容策略说起。简单打个比方，假如说把微博比喻为包子的话，微博内容的撰写自然就是馅了。对于包子来说，馅的美味程度决定了包子的销售额，而对于微博来说，微博内容的撰写自然也就决定了微博能够引起多少人的关注，吸引多少粉丝。

内容定位

对于微博营销来说，首先要明确自己的内容定位。准确地定位才是成功营销的开始。你的微博是要做多愁善感的文艺青年还是要毫无顾忌地做广告狂人呢？这就需要自媒体人对自己的产品或者品牌有一个清晰的定位，然后根据这些确定自己的微博内容朝着哪方面撰写，并且关注一些这方面的大V，让用户对于自己的微博有一个初步的定位，这样才能更好地进行精准化营销。

内容撰写

一方面，在微博内容的撰写上，所发的微博要想达到营销的效果，就必须紧紧围绕自己微博定位的有关行业、品牌、产品等；要学会观察和寻找用户的实际需求，找到自己的营销信息和用户需求之间的交集点，围绕这个交集点去发布信息。只有这样，才能保证你撰写的内容对粉丝来说有是价值的，也才能达到营销的效果。当然，在微博内容撰写时要谨记无用的信息不可发。既然是将微博作为自媒体的营销工具，那么，在微博上自然就不能随随便便发一些无用的消息。要保证自己发的每一条信息都是有用的。

另一方面，在微博撰写中，要兼顾微博营销功能和广告功能，只有这样才能达到营销的目的。但是，这个并不简单。一般来说，要遵循不能有斧凿痕迹、不影响整体的连贯性、不能表露广告意图和不引起粉丝的反感。其实简单来说，就是要将广告内容和文章内容不着痕迹地结合在一起，让用户在阅读微博的时候能够在不知不觉中了解发布者想要宣传的内容。要知道，在微博内容的撰写中，高水平的撰写者能够让用户既得到他需要的内容，又了解到发布者想要广而告之的产品。

微博发布

在微博的发布中，要选择最佳发布时间。这个时间一般是早上七点到十点、中午十二点到两点和晚上九点到十点三个时间段。在这段时间内，大部分的用户都是在上班途中、中午等待就餐和晚上临睡之前，一般都能够有较多的时间来刷微博，从而能够让更多的用户看到，也成为了将第一手消息传达给用户的最佳方式。

在微博上除了可以发布内容之外，还可以与粉丝分享图片、视频等，最大程度地将信息进行传递。当然，企业的微博在发布的时候还要注意审核和发布时间，避免发表不恰当信息，选择最佳发布时间，能够保证粉丝在第一时间看到相关信息。因此，微博在发布时要抢占第一屏，让用户在打开微博的第一时间内就能够看到你发布的信息，从而达到最佳的营销效果。

微博营销的互动策略

在微博营销中，当你已经明确了自己开微博的概念和目的的时候，对于微博营销来说，互动策略就显得尤为重要了。微博营销的互动可以帮助企业更好地进行产品营销和互动。越来越多的人开始在微博上开展自媒体营销。要想打造出一个出色的品牌微博，就一定要学会引领用户和自己进行微博互动，以求达到更大范围的营销和宣传的目的。

微博营销中，互动是吸引粉丝、增加流量的一个重要方法。微博的传播速度非常惊人，能为企业或个人带来几何倍数增长的影响。当然，微博所具备的传播具有典型的双向性，也可以理解为互动，但不可否认的是微博实现了一种真正意义上的双向传播。只有真正做好微博营销的互动传播，才能更好地将产品营销做好，从而扩大品牌的影响力。

张亮曾经是一名普通的大学经济专业老师，在自媒体出现以前，他都是过着学校—家庭两点一线的生活。自从2008年自媒体开始在中国落地以后，那时候没什么人专门研究这个领域。但是张亮凭借自己对于这方面独到的眼光和英文基础，进入自媒体中，并且早早注册了微博。

在张亮微博开通以后，他就开始每天发布一些很有见地的文章，每天都会刷新自己的微博，与自己的粉丝进行有效沟通和交流，并且定时和粉丝进行互动，帮助粉丝解决一些关于专业上的困扰和难题。由于张亮的不断互动，渐渐地在微博上积累了相当数量的粉丝，并且这些粉丝也会定期看他的微博，为自己充电。张亮也成为了有名的培训师和经济学者。越来越多的媒体开始采访他，使得张亮通过微博获得了真正的成功，成为真正意义上的专家，个人品牌也随之树立起来了。

张亮的成功不仅仅是因为自己拥有强大的专业知识，更重要的是他在微博上注重与粉丝之间的互动，不断拉近与粉丝之间的距离，从而更好地树立起了个人品牌。在自媒体营销中，微博是可以实现互动、帮助企业和个人拉近与消费者之间的距离，更好地达到自媒体营销的一个重要平台。那么，在微博的互动中，如何拉近与粉丝之间的距离？如何更好地进行个人品牌的营销和宣传呢？

一方面，要学会与粉丝实现普通互动。在微博的互动营销中，要想达到较好的营销效果，就必须不断地与粉丝进行互动，回答粉丝提出的问题，与客户进行有效的沟通和交流。可以选择引用粉丝的原话，并@他；也可以转发粉丝的微博并加入自己的观点以期形成互动讨论；当然，还可以发布相关微博，并@他。这样可以拉近粉丝和自己之间的距离，更好地增加自己的知名度，从而树立起个人品牌。

另一方面，就是对微博营销提出了更高的互动要求，那就是高级互动。在微博中，粉丝可能是自己的朋友，也可能是自己的同行，这时候，我们就要学会对微博中的用户进行精确分析、精准定位客户群、观察客户动态，进而判断出对方的喜好，以方便掌握好分寸，不断调整自己的营销推广模式。

在微博营销和互动中，无论是普通互动，还是高级互动，都必须要用真诚的语言和行动去打动顾客，充分赢得他们的信任。有了信任做基础，就能够更好地窥探到顾客内心的真实需求，从最适合用户的角度出发，从而制定出更有针对性的营销方案。

在自媒体时代，微博作为一种新型的网络营销方式，让许多企业和自媒体人看到了在营销上未来的发展前景。由于微博营销的成本和代价较低，越来越多的人开始将微博作为营销的主要方式。但是所有的企业和自媒体人都适合微博营销吗？这显然是不可能的。因此，微博营销究竟适合哪些企业类型和客户群体呢？

关于企业

在国内，新浪微博作为一个用户人数最多的微博网站，每天活跃在这里的人已经可以用百万的单位来计算。因此，也有越来越多的企业开始瞄准这个地方，力争想要通过这种方式，来达到对企业的宣传和推广的目的。企业微博为产品开创出新的销售渠道，于是微博上也可以开始卖东西了。

在企业的发展之中，微博营销已经成为一个重要的营销战场。京东作为国内的主要的网购平台之一，在今年的新浪微博营销之中，粉丝已经接近四百万，成为微博购物的一个主要场所。其实早在2011年，京东既已经在网上开通购物、支付通道，消费者只需要在我的微博的首页点击“他的热门”就可以进入京东商场热卖APP，查看京东的热卖商品，并与商品产生交互，产生消费的可能性；进而进入热卖商品，提交订单。

尤其是在临近2016年的双十一时，京东不断开展一元秒杀家电、洗护用品等等活动，充分调动了粉丝的积极性，并且不断通过微博的宣传，使得更多的人了解到，并且参与其中，最终达到了营销的目的。

当然，也不是每一个企业都可以在微博上进行营销和推广的。在新浪微博上注册的企业一方面需要登录微博主页，根据提示填写相关信息，准备以下几种材料才可以初步注册完成：

1.企业营业执照以及企业的公章（企业财务章、合同章都无效）；

2.通过全国组织机构代码管理中心的认证；

3.企业官方微博名与营业执照上企业名字不一致时要提供相关补充证明材料。

以上资料是企业在新浪微博上成功注册必不可少的准备工作。这是开始进行自媒体微博营销的第一步。在新浪微博中，微博的主要功能就是帮助企业做营销，推动企业快速发展，提升企业业绩。

另一方面，就是要想玩转微博营销，企业还需要一个强有力的后台支持。比如说，需要专业的团队人员来专门进行策划和互动，以求让更多的人来关注，从而实现实时互动。那么，一般来说，在微博进行营销的企业都有什么特点呢？

1.享有较高知名度和关注度的大中型企业，有着很强大的资本和专业的团队来进行专门的策划和互动。只有有着强大的后台技术支持，才能更好地在微博上针对本企业的相关产品进行营销和策划，从而制造出更多的话题，引起大家的广泛讨论。而这个效果，一般是那些小型企业所达不到的。

2.那些本身就被关注比较多的名人和网络意见领袖。在很多企业中，可能很多用户对于企业的名人和领导比对企业本身有着更强的关注度。在微博营销中，话题的制造是引起大家关注的一个重要方面，而这些名人的存在是在企业微博中进行产品营销和推广的一个顺带话题，可以更好地进行传播。

3.面向个人消费品的电子商务企业。当今社会，是一个电子商务的时代。而微博也是互联网时代下一个新型的网络营销推广方式。相比于传统企业来说，电子商务的企业显然更适合在微博中进行营销，也更能得到大家的注意。

在新浪企业微博中，有这样一句口号，那就是："微博拉近我与消费者的距离——企业微博为品牌提供了全方位展示平台"。而且对于企业来说，微博的存在可以让企业第一时间听到消费者的夸奖和抱怨，帮助企业及时获取反馈信息，力争将粉丝变成忠诚客户。由此可见，企业微博的存在是非常有必要的。

关于个人

在自媒体营销时代下，微博用户正在不断地趋于年轻化。越来越多的年轻自媒体人开始加入微博之中，开始将微博作为自己营销的主战场。由于微博的用户年龄结构上偏向于年轻化，接受新事物也更为快速，这也对微博上进行营销的自媒体人提出了更高的要求。

微博达人@爱买衣服的小姑凉是一个年轻的淘宝店店主，自己在淘宝商城经营着一个淘宝店，专营中低价的女装。但是，随着越来越多的淘宝店的崛起，越来越多的竞争对手也在不断出现，自己的淘宝店一度面临关门的危险。在这个时候，她发现在互联网时代下，微博这个社交工具受到了越来越多人的喜欢。于是她就在思考，自己是不是该开辟新的消费购物渠道。于是，她开始注册了一个个人的新浪微博，取名为“爱买衣服的小姑凉”。在刚开始的时候，由于知名度不够高，她开始频繁地在这个微博大V账号下评论，进行自己产品的宣传，就这样，微博粉丝不断增加，最终突破了一百万。她开始在微博上不断发布自己淘宝店的最新产品，并且不定时地在微博评论中抽中幸运用户发送优惠券，分享之后有礼品相送的方式不断扩大自己微博的知名度。最为关键的是，自己店里的衣服自己也经常穿，因此，她也经常发送一些个人的生活照，使得大家能够更好地看到衣服穿出来的效果，最终达到了营销的目的。

在微博营销的对象中，大多数人都是处于20到35岁的一个年轻化的群体中，用区区140字去创造成千上万的转发量，这就是自媒体人在微博营销中可以得到的强大威力。因此，对于能够在微博中进行自媒体营销的人要有着强烈的年轻化、变幻性的视角，从而更好地对用户进行“有温度”的双向沟通。

其次，在移动互联网不断发展的今天，信息的不断更新替换，成为个人进行营销和发展的一大阻力。越来越多的信息在网上交替出现，造成了用户视觉上的选择扰乱性。因此，对于想要在微博中进行营销的自媒体人必须有着强大的信服力、协作力和创造力，只有这样，才能从大量的信息中脱颖而出，成为用户信息浏览中的眼睛停留点，从而吸引住用户的目光，更好地进行产品的营销和推广。

然后，个人微博的内容是需要有强烈亲和力的。在自媒体人进行微博营销的时候，个人微博相对于企业微博来说，本身就能够融入自己的个人特点，更加具有亲和力，也更加真实、亲民。因此，有着强烈亲和力的自媒体人显然更适合在微博中进行营销。

最后，适合在微博中进行营销的客户群体必须是相对自由、随性且多元化的。微博面对的受众群体大多数是偏向于年轻化的人群，而那些刻板、保守且传统化的理论显然已经不适合当今自媒体人的发展。因此，自由、随性且多元化的特点更适合微博的发展。

在微博营销适合的企业类型和客户群体中，年轻化的视角和概念是不可缺少的。微博本身就是一个新兴化的平台，本身就是一个年轻人聚集的社群地。为了让更多的人加入其中，从而达到更好的营销效果，企业和客户群体都必须用更加自由且个性的视角去吸引消费者的注意力，从而得到更多的粉丝，将营销和推广做到更好。

熟悉微博的人都知道，在微博中，粉丝有两个典型的代称，那就是“真爱粉”和“僵尸粉”。其实，从字面意思大家都能够猜测到，“真爱粉”顾名思义就是真正的粉丝，对于微博的发布者是有着真正的兴趣，是可以与其进行互动、沟通和交流的粉丝；而“僵尸粉”顾名思义就是只是关注了你，对微博的发布者没有任何兴趣，也不会进行互动、交流的粉丝，仅仅对你是关注，没有任何意义。

而在微博的营销之中，无疑“真爱粉”是最受大家欢迎的。微博是一个动态的媒体，要想通过这个来进行更好的自媒体营销，就必须通过不断增加粉丝数量，加大转发力度。只有这样，才能更好地将自己的品牌进行营销，不断地增加个人的品牌影响力，从而更好地进行个人品牌的宣传。

星巴克是全球规模最大的连锁咖啡店。在星巴克的理念中，就是以目标客户为主要营销目标，通过咖啡店营销的文化环境来形成良好的互动体验。早在2010年初，星巴克中国微博就已经正式开通了。在星巴克的企业微博中，每一个话题就是一场营销活动，而且是非常注重与用户的互动营销。

星巴克一直非常注重对微博用户的分析，并且非常看重客户的反馈，回复速度极快，能够轻松引导话题的走向。同时在微博用户的分析中，星巴克发现女性粉丝比例极高，高达72%，因此，星巴克便有意在微博上发布一些女性较为关注的话题，并和女性粉丝经常进行话题的互动，引起她们交流的兴趣和情感上的共鸣，从而真正为微博达到宣传的作用。

不得不说，在星巴克成为全球最大咖啡连锁店的过程中，营销发挥着不可替代的作用。而微博作为一种新型的营销方式，是帮助星巴克打开中国市场的一把有利武器，也是星巴克找出自己的忠实粉丝，并针对性地进行营销的最佳方式。那么，究竟如何寻找出“真爱粉”并且唤醒他们呢？

一方面，要通过微博用户的数据进行分析，观察粉丝的微博使用经验值。就拿星巴克为例，在通过数据的梳理和分析中，星巴克发现大多数粉丝已经使用微博好几年了。通过对数据的分析可以找出那些经常使用微博的粉丝，也就是经验值较高的、且经常在话题中进行互动的粉丝，这类粉丝肯定是星巴克的忠实粉丝。同样的，其他企业和个人也是如此，一个“真爱粉”肯定是一个经常在微博中进行互动交流的粉丝，且经常使用微博，经验值自然较高。因此，这种微博用户就可以判定为是“真爱粉”。

另一方面，要学会重点监测出微博内容的分享率和流量的变化情况。我们还是以星巴克为例，在星巴克的微博分析中，观察每天微博的转发数量和评论数量是其微博营销人员的主要工作之一，通过观察，找出了那些经常活跃在微博话题之中的星巴克粉丝。在其他企业和个人的微博中也是如此，只有找出那些真正对话题有兴趣，并主动将之进行分享的用户，才是真正能够与之进行互动的“真爱粉”。而不是像“僵尸粉”一样，仅仅关注，不点赞、不转发、不评论，而且也不经常使用微博，很可能就是买来的粉丝。

当然，在微博的营销之中，仅仅只是寻找出“真爱粉”是不行的，自媒体人士还需要知道如何更好地唤醒“真爱粉”。要想了解这个问题，就需要从以下几个方面着手，如图5.1。

图5.1 唤醒真爱粉的方法

1.从热点图片着手

图片的使用，在微博的营销过程中会有着意想不到的结果。自媒体可以通过一些有吸引力的图片，吸引粉丝的目光。这些图片可以使用那些有着话题性的社会热点图片，它可以吸引一些用户的关注，在无形之中就将粉丝的目光吸引过来了，更好地带动他们讨论的热情，真正参与到话题之中，从而唤醒“真爱粉”。

2.让热点信息引出讨论

随着互联网技术的不断发展，信息的更新速度越来越快，越来越多的人开始在网络中寻找自己所需要的信息。而热点信息作为最新、第一手消息总是在最快的时间吸引住粉丝的眼球，从而引发用户的讨论。因此，当唤醒“真爱粉”的时候，可以选择让自己的营销内容与热点话题相结合，引发“真爱粉”的广泛讨论。

3.从互动中引发他们的兴趣

一个“真爱粉”和一个“僵尸粉”的最大不同之处就是，在“真爱粉”的微博之中，肯定是有互动的。自媒体者就可以利用这一特点，和“真爱粉”进行互动，不断引发他们的兴趣，从而更好地参与到话题的讨论中去，达到最终的营销效果。

只有科学、翔实的数据支持和分析，并建立在分析和评估的基础上，才能在微博中更为精准地找到属于自己的“真爱粉”。“真爱粉”的存在可以帮助企业和个人更好、更大范围地进行自媒体营销，从而扩大企业品牌或个人品牌的影响力，使得自身品牌形象得到很大的提升，推动企业和个人品牌的健康发展。

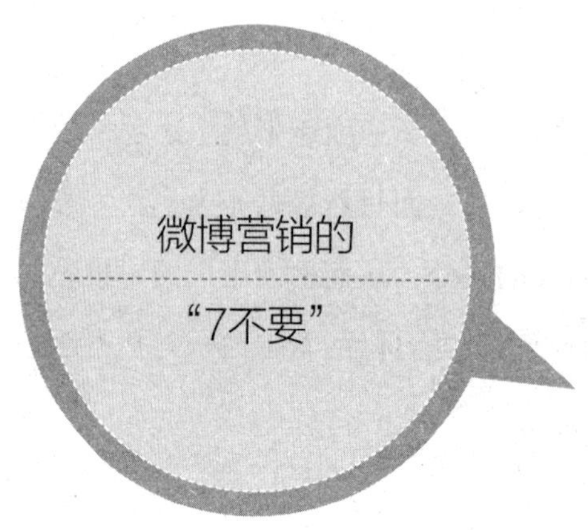

随着自媒体营销的日益发展，微博营销开始进入个人和企业的视线中，甚至也开始将微博营销作为企业营销或是个人营销的一个重点发展战略。对于企业来说，在微博上建立一个企业的官方微博，利用微博的互动性实现企业和目标客户群之间的互动和交流；对于个人来说，建立个人品牌微博是为了让更多的人知道自己。因此，微博营销已经成为了企业和自媒体人营销的首要选择。

在微博营销中，企业和个人要想在微博中收获到更好的价值，那么，在微博上投入多少时间、精力去维护，跟最终想要获得的营销效果是成正比的。通过建立自身微博实现品牌形象的口碑营销，可以让更多的用户在微博中了解到产品的信息。但是对于很多企业和个人来说，很难精准把握微博营销的尺度，很容易走进营销误区。因此，通过分析微博粉丝营销的核心问题，我们要注意微博营销中的“7不要”。

一不要：不与粉丝进行互动。在微博的营销中，其典型的特点之一就是与粉丝进行互动。如果自媒体者对于粉丝的评论仅仅只是看看，却没有与粉丝进行互动，这样不仅仅会让粉丝丧失对话题的兴趣，更达不到预期的营销效果，最终收效甚微，微博营销自然也就失去了它原本的价值。

二不要：广告植入明显。在微博的营销中，将广告植入，是微博营销的一大特点。但是很多人较为明显地将广告信息生硬地植入，仅仅只用微博来进行广告的推广，就体现不出软广告营销的特点，还可能会引起粉丝的反感。要知道软广植入才是最好的营销方式，才能吸引用户，使其产生分享和转发的欲望，只有这样，才能更好地进行更大范围内的营销。

三不要：以粉丝数量决定微博价值。很多企业或者自媒体人将粉丝数量作为考核微博营销开展成功与否的唯一标准，却忽略了与粉丝之间的互动。对于很多卖粉公司的营销人员来说，利用先进的机器注册账号为企业和个人加粉，已经是常有的事情了。只有更加精准地营销，不盲目追求粉丝数量，真正将潜在用户变成自己的用户，才能更好地进行营销。

四不要：内容定位不准确、模糊。在营销之中，最为重要的一点就是有一个清晰而准确的内容定位。只有这样，自媒体人在进行营销的过程中才能精确地吸引潜在目标客户，更好地进行精准化营销。因此，自媒体人在开始进行微博营销之时，一定要对产品的信息有着深入的了解，从而确定微博的内容定位，才能更好地进行撰写、发布，从而达到营销目的。

五不要：盲目增长粉丝。微博营销是一个营销时间长，见效慢的工作。而粉丝作为微博中企业的受众群体，对于企业的营销来说至关重要。增长粉丝是一个需要长期积累的过程，而不是花钱去买粉。因此，企业和个人微博不要急于求成，盲目增长粉丝，渐渐地推广企业和品牌才是王道。

六不要：微博营销期望值过高。无论是个人还是小微企业，在开通微博的时候都满怀期望。但是，即便微博营销是一个很火热的营销方式，却并不是说它就可以代替一切营销方式了。不要对微博有着太高的期望，可以将其作为一种长期的营销宣传手段。利用微博进行品牌营销是需要经历一个长期的过程的。

七不要：进行刷屏。在微博营销中，越来越多的企业和个人开始将微博作为营销的一个重要工具。而在这个营销中，刷屏式营销是最不可行的。不可否认，在微博中做一些营销活动，受到了用户的欢迎，但是假如同样的内容不断地重复地发，或者逢贴必回，很容易造成刷屏，以至于用户看不到主要信息，那就造成适得其反的结果。

微博营销不仅仅是一个关系到企业或者个人品牌进行营销和宣传的方式，更是一个让用户实现即时信息获取的平台，通过最快的更新速度，进行病毒式传播。只有避免了微博营销的误区，才能更好地进行品牌传播，从而提升个人品牌的影响力，提升企业形象，获得意想不到的营销效果。

在微博营销世界中，杜蕾斯的微博文案一直是所有营销人学习的模板。从微信到微博，从话题到游戏，杜蕾斯始终走在时尚的前沿，不断吸引着人们的眼球，成为大家关注的焦点。哪里有热点，哪里就有杜蕾斯。杜蕾斯一向以创意十足的神级文案成为了其他营销人争相效仿的典范。

在2015年的元旦，杜蕾斯发出了一则新的微博，跨年时用“Happy New Year！嗨，陪妞一夜！”的谐音打响了新年的第一炮。这是杜蕾斯的一种创意的营销方式，只有这样，才能吸引住读者的兴趣，更好地进行产品营销，从而让更多的人了解到杜蕾斯。杜蕾斯的营销文案一次又一次地刷新人们对于创意文案的认知，使得越来越多的企业开始争相学习和效仿。

2011年，北京一场大雨淹没京城。杜蕾斯想出将避孕套套在鞋子上防雨的创意。该微博一经发出，一个小时内转发过万，成为当年经典的营销案例。

2012年，奥运会，刘翔旧伤复发，跨栏摔倒，但坚持走完全程。杜蕾斯对此发出如下微博：最快的男人并不是最好的，坚持到底才是真正强大的男人！

乍一看感觉一般，但结合刘翔因伤失利却仍旧坚持比赛的事件来说，显得合情合理又充满人文关怀，而且关键是与杜蕾斯所营销的产品避孕套相关联，“最快”“坚持到底”简单的话里内涵十足。

2013年，光大银行出了一则乌龙事件，杜蕾斯借势发挥，天才般创作了“光大是不行的”，后来“薄、谷”相继出事，“薛蛮子”嫖娼被抓，杜蕾斯又出了如下文案，“薄，迟早要出事的”“薄不可怕，鼓开来，才可怕”。

2014年，世界杯你熬夜看球冷落了她？没关系。杜蕾斯说了：“球”事结束了，欠的床事要还了！

在2015年5月29日11：16分的时候，著名影视演员范冰冰公布与演员李晨的恋爱，两人合影的照片配以文字“我们”。随后，仅仅9分钟之后，杜蕾斯官方微博就发表文字，“你们！！！！！冰冰有李！！”，成为当时搜索量创新高的一个微博。

以上是近几年以来杜蕾斯的一些经典文案，曾经造成了极大的轰动。我们可以看到，杜蕾斯的微博文案具有以下几个特点和技巧，如图5.2。

1.言简意赅、幽默诙谐

杜蕾斯在微博上的营销一向遵循微博的撰写特点，言简意赅却能够较好地将产品特点表达出去，能够吸引用户的目光。在杜蕾斯的微博营销之中，向来能够以最短的话语给予用户最深刻的理解，并且用幽默的话语带动用户的情绪，令人会心一笑的同时又记住了产品，从而更好地进行营销。

图5.2　杜蕾斯微博文案的特点和技巧

2.紧追热点、抓住好奇心

在微博之中，经常有用户利用热点信息进行搜索。而杜蕾斯就是抓住用户这一心理，利用粉丝的好奇心和有分享价值的新奇感，来达到更大范围营销和宣传的目的。在微博营销中，利用热门事件进行二次传播已经成为杜蕾斯的惯用手段，且向来对于热点事件在短时间内做出迅速反应，利用事件的热度为自己更好地进行营销，并且能够很好地抓住用户的心理点。

3.紧贴时尚、明星效应

在杜蕾斯的文案之中，不仅仅是紧贴时尚的热点，紧跟时尚的潮流，将网络红人、商业大腕、娱乐明星等等这些知名人士的一举一动利用起来，更是将网民茶余饭后的中心话题利用起来，得到了粉丝们的关注，从而引发大家的广泛讨论。

4.含蓄内敛、含而不漏

微博营销不仅仅以热点的余温来吸引用户，在更多时候，微博还能含而不露的方式进行营销。杜蕾斯就是在紧跟热点信息的同时，不断调整自己的营销策略，同时将符合品牌的调性调动起来，更好地以另一种角度来进行阐述。在关于这方面的营销中，杜蕾斯就是凭借这种借力营销，含而不露的方式，与大众谈论两性，不断摸索出一个适合自己的与粉丝沟通的方式。

5.深入洞察、针对营销

杜蕾斯之所以能够取得如今的名声，很大一部分原因在杜蕾斯的文案的撰写中。其设计师充分了解用户的心理，提高了粉丝对于品牌的忠诚度。杜蕾斯就是紧紧抓住消费者对于品牌的意识觉醒、熟悉产品、忠诚的购买心理，从而拥有了企业品牌的成功。

在顶级文案的撰写中，杜蕾斯就是凭借这种紧追热点、创意十足的“性感”文字，俘获了一批又一批粉丝，从而达到了产品销售的目的，也使得杜蕾斯成为一大知名品牌。在这个营销大战过程中，微博营销充分发挥了其与粉丝的互动营销能力，吸引了更多的粉丝，完成了顶级文案的转变。

自杜蕾斯、京东等等知名企业加入微博营销以来，越来越多的企业也开始加入其中，成为微博营销中的一员。凡客作为一个知名的网购商城，也许不是粉丝数量最多的企业微博，却是一个当之无愧的微博营销典范。凡客广告依托凡客体和“挺住体”，成功地笼络住大批粉丝的心，成为了微博营销的范例。

在2012年5月5日上午10点，一段黄晓明代言的凡客广告出现在新浪微博，“七岁，立志当科学家；长大后，却成为一个演员。被赋予外貌和成功，也被赋予讥讽和嘲笑，人生即是如此，哪有胜利可言。挺住，意味着一切。”这段本应该在电视台播放的视频广告，率先出现在了新浪微博，被网友戏称为“挺住体”。3个小时后，转发次数5万，当天下午6点，转发超过12万，刷新新浪微博转发的新纪录，也实现了凡客在广告投放上的再一次颠覆。

微博作为一种新型的营销方式，在很多时候都能够在营销领域掀起一场巨大的变革，这是与微博的独特营销功能密不可分的。而在微博内容的选用上，凡客永远坚持以一种平凡人的角度来进行互动，也不会采用那些声势浩大的营销活动，只是将真实、自然、平等的交流和互动交给用户。

在凡客微博营销的过程中，凡客始终认为在微博上适合谈些“小事”或细节，只有贴近粉丝的生活，真正关心粉丝关心的事情，用真实的情感去打动用户，才能赢得粉丝的主动追随。比如在凡客的微博营销中，曾经写到：“上班时间不许聊QQ的盆友，你们好吗？”又或者“好些衣服还没来得及穿，就已经过季了，有同感的童鞋请举手！”通过使用这种网络语言使网友倍感亲切，从而吸引粉丝的转发和评论。

在凡客的微博营销中，始终坚持着将品牌定位在平民快时尚中，倡导人人都是凡客。凡客的微博粉丝团的内容和企业的品牌的相关度高达80%，更能时时刻刻地保持与凡客产品、消费者、代言人、行业新闻相关，使得凡客微博的营销力度大大增加，提升了品牌的知名度，使得越来越多的人开始认识到凡客体，也开始认识到这个没有实体店铺的线上电商。

互联网的飞速发展为凡客的发展提供了强有力的平台支持，凡客凭借着敏锐的嗅觉，不断研究市场的趋势和消费者的需求，开始不断利用粉丝的力量来进行营销。与粉丝进行互动，转发粉丝的微博并且加以自己的评论，用幽默诙谐的语言给大家一种人性化的感觉。

在凡客的微博中，不管是知名人士还是无名人士，都可以与凡客进行对话，正好符合他们平民化的步调，这和凡客一直以来的品牌定位相符合，并且在微博上得到了更加充分的展现。要知道，并不是所有的企业都可以如此达到与粉丝的互动，并且在内容上做到如此高的品牌相关度的。

凡客一直秉承“平凡人”的本色，在微博营销中始终坚持走着平民化的路线，还经常学会利用一些大家都关注的热点事件来与粉丝进行互动和沟通。粉丝关注的话题就是凡客制造微博营销的机会，凡客诚品一直坚持走着“平凡人”的路线，因此也得到了大批量粉丝的支持，从而创造了属于自己的经典营销方式。

第六章

论坛营销：玩转论坛就相当于拥有了资金池

在自媒体营销的时代，论坛营销作为最早出现的营销方式之一，也成为了众多自媒体的关注对象。对于一些强势的论坛来说，论坛不仅仅没有受到社交平台的冲击，反而还强化了自己的论坛地位。尤其是对于国内论坛来说，社区的集中化使得论坛营销的推广操作性更强，玩转了论坛营销就相当于拥有了资金池。

随着网络营销的不断兴起，越来越多的人开始在网上进行营销，而论坛营销作为其中传统的营销方式之一，也成为了很多自媒体人经常使用的方法。要想做好论坛营销，就需要对论坛营销有简单的了解，明白论坛营销如何做。只有这样，才能更好地将论坛营销应用到自媒体之中。那么，如何做好论坛营销呢？要做到以下六个步骤，如图6.1。

第一步：前期准备

在做论坛营销之前，要做好产品的定位，明确自己所要营销的是何种产品，制定好预期想要达到的效果和目标。只有做好前期的准备策划，才能更好地开展后期的营销活动。企业进行营销无非就是想要达到提高销售额和提升品牌影响力的目的，因此，要学会根据企业本身的销售计划与论坛营销相结合，制定预期要到来的流量以及可能达到的效果。

当然，在做论坛营销之前，还要做到明确自己的受众客户群体、明确自己的产品是为哪一类人服务的，只有这样，才能找出这类受众群体比较集中在哪些论坛，才能针对客户群体的特点和需求，更为精准地进行营销，在论坛营销中达到最佳的营销效果。

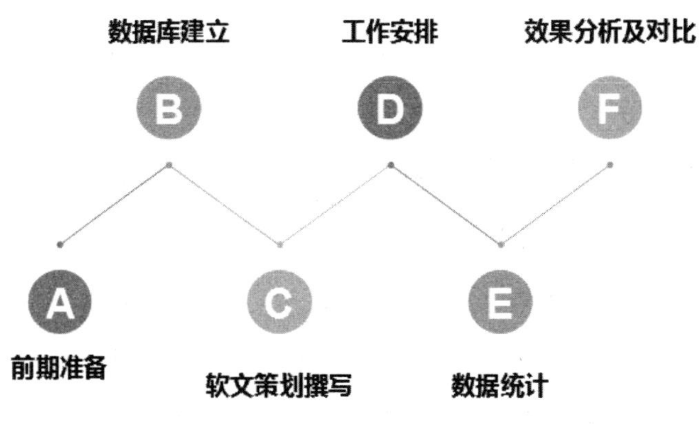

图6.1　做好论坛营销的步骤

第二步：数据库建立

在论坛营销中，数据库的建立也属于前期准备的工作之一。要想做好数据库，就必须对所有的论坛进行细致的考察，从而确定出最适合自己的论坛来进行营销。这就好像我们想要开一家服装店，在开店之前肯定要考察哪个地方人流最多、交通最方便。只有这样，才能方便人们购物的需求。

当然，论坛营销也是如此，对于数据库的建立是影响营销效果的重要因素之一。企业或者个人可以通过以往数据的分析选择一些权威性较高的综合型论坛，为以后营销中的软文推广提供重要参考。

第三步：软文策划撰写

相比于硬广告来说，近几年，软文一直受到大家的推崇。软文能够和风细雨、不显山不露水地将产品进行营销，显然更加符合自媒体营销的特点。在论坛营销中，主题是软文撰写的核心，要学会根据推广的主题，撰写与主题相关的软文发布在论坛。于是软文的策划撰写成为了论坛营销能否成功的关键一步。

当然，在这个过程中，有一个关键的地方，那就是论坛软文中标题的撰写，必须要有着强烈的吸引力，能引起用户的兴趣，从而产生阅读的欲望。标题的作用可以决定一篇软文近一半的阅读率，只有好的标题才能引起大家点开并阅读的兴趣，进而提升产品的营销率，更好地提升企业产品的知名度。

第四步：工作安排

在论坛营销中，要有专门的人来经营论坛营销，从网友的参与度和评论中找出工作的进展速度。而且要做到经常与网友互动，回复网友的评论，最为关键的是引导网友的讨论走向，并进行回帖，切勿让营销的主题向着相反的方向发展。当然，论坛营销工作的安排可以帮助论坛营造一个规范、公正的氛围，能够消除网友的戒心，从而提升产品的知名度。

在论坛营销的工作安排中，营销的策划必须有着完善的规划，要在互联网上全方位地去发表需要推广的主题软文，最好引起网友的讨论，引导网友参与其中，这才是论坛营销的关键之处。因此，在论坛营销开展的过程中，一定要做好营销的安排。

第五步：数据统计

在论坛营销中可以抓住数据的这一优势，通过数据对所做的论坛工作、对网站带来的流量做出相应的记录，从而真正了解到网友的动态，制定出更为精准的营销计划，也可制造出更多网友感兴趣的与产品有关的话题，这样可以为论坛带来更多的流量，同时也为以后的工作总结及问题分析做好了准备。

在互联网时代的今天，一切的行为都可以用数据来进行记录。数据的统计可以帮助论坛营销更好地开展，找出营销之中的不足之处，做好论坛营销之中的记录工作，方便与后期的营销效果进行分析和对比。

第六步：效果分析及对比

论坛营销在开展之前都会制定一个相应的预期目标，而在论坛营销进行一段时间的时候，就可以根据实际达到的营销效果和预期效果进行对比，只有做出一次详细的分析，才能得到论坛营销在这段时间所能达到的效果。要知道，论坛营销中营销数据的统计和客户的咨询情况都可以制作成数据，从而方便企业进行效果预测和实际效果的分析和对比。

将数据统计应用于整个营销过程中，包括从开始策划论坛营销，再到执行、到检测，这样可以更好地对论坛营销效果做一个整体的把控。当然，监控不是最终目的，关键是需要根据整个效果以及预计情况做出一次分析，总结出其中的问题，并做出相应的改善。只有这样，才能更好地进行论坛营销主题的推广。

以上就是论坛营销开展的六大步骤。自媒体要想更好地利用网络发布信息，就不可避免地需要使用论坛营销。论坛营销有着典型的成本低、见效快、传播快、可信度高和有针对性的特点，通过让目标消费群体更好地了解到产品和服务，最终达到宣传企业品牌、加深市场认知度的目的，使得论坛营销成为企业营销的重要根据地。

论坛营销软文的具体撰写步骤

在论坛营销之中，软文的撰写是将产品进行营销和推广的主要方式。论坛是企业借助文字和图片向网友传达产品信息和服务的一个重要营销方式。但是在论坛营销中，对软文的撰写却提出了更高的要求，软文一定不能太像广告，要注意其营销的方式，否则将面临被删帖的危险。

在论坛营销中，软文撰写的目的很简单，那就是传递产品的信息。这也是所有营销行为的共同目的。互联网时代下，能够一眼看出广告的软文是不是一篇好的软文。高质量的软文能够让自媒体人想要传达的信息以一种润物细无声的方式进入到用户的心里，最后形成一种口碑和品牌效应。

下面是发布在天涯论坛中的一篇软文，名为《我有一架钢琴，菲奥娜123C》

她是我的知己、我的“妹妹”。因为她的出现，让一直以来遥不可及的，我的梦想，有了承载的媒介。她静静地聆听我的心，然后为我而歌唱……

曾经疯狂迷恋着《秋日私语》，一遍又一遍地听，幻想优美灵动的音符从我的指尖流泻。每当走进音乐教室，教室窗边的那台老旧砖红色的钢琴就好像在呼唤我，那些黑白色的琴键仿佛是一颗颗磁石吸引着我去触碰……

在我20岁的那年，我犹记得，是一个微雨的早晨。我第一次走进那间有着淡淡木调香味的屋子，白格落地窗玻璃上沾着一滴滴雨珠，墙边靠着一架栗色的钢琴，顶盖上铺着一方洁白的钩针顶盖罩，一只球形的玻璃器皿里养着我叫不出名字的水生植物。这一天，我成为了一名“大龄琴童”。

虽然我没有太多的时间去学习、弹奏，但每当手指触碰到琴键，整个人都会变得平静下来，任何压力和烦恼都可以抛之脑后。我很幸运，有一个耐心优秀的老师，引我入门。在我学琴的日子里，那间不大却精致温馨的琴室就是我的乐园。

2013年9月，我22岁的生日。刚回到家，一个大大的箱子立在客厅中间。爸爸站在一边微微前倾着身子看着，妈妈手上拿着吸尘器，嘴里还说着“师傅啊，这里弄干净了，就放在这里可以伐？”两个穿着工作服的陌生男子，此时正把那大箱子打开，一台酒红色的（其实是樱桃木色，当时不知道）钢琴静静地立在那里，身上还包着一些防磕碰的保护膜，但这些一点都不影响她的美！我半张着嘴，鞋子脱了一半。我妈看见了，带着半欢喜半埋怨的语气说：“啊呀呀，你怎么今天回来得这么早，本来想摆好整理完给你个惊喜的。快来看看喜不喜欢！”

我甩掉一只鞋，另一只等不及脱掉，连蹦带跳蹦跶到钢琴前，傻笑着从摇盖摸到琴耳，从顶盖摸到琴腿，总之摸了个遍，现在想想当时的样子一定很傻。我爸看不下去了，“让两位小师傅把琴放好，你再摸个够好了，你别浪费人家时间呀！”我这才傻不啦叽地退到一边。

我不知道我是怀着怎么一种心情等到我的钢琴被放置落位的。只记得我妈说她和我爸爸都看得出我对钢琴的喜爱，希望我坚持下去，不需要我有什么成就，只要过自己想要的生活，快快乐乐就好了，独生子女很孤单，希望这台钢琴能成为我的“妹妹”。

这之后的日子里，每天每天，我内心盛满对钢琴的热爱，对父母的感恩，跟我的“妹妹”菲奥娜钢琴一起努力。有时候弹得累了，就把摇盖合上，看着上门板亮光烤漆上映射出的我的脸；或者贴着琴键嗅嗅属于她的淡淡的木头的香味；又或者只用食指按下某一个琴键，听她柔美清润的声音……

感谢我的父母、感谢我的老师、感谢的我妹妹——菲奥娜钢琴（大多数时候我都叫她菲奥娜）。谢谢你们陪我、帮助我织一个梦。我和菲奥娜在一起，创造了一个只属于我们的世界，即便没有人知道，没有人欣赏……

以上就是发布在天涯论坛的一篇软文，是一个关于钢琴品牌的营销。通过个人故事的讲述，将钢琴的品牌传达到网友的心中，最终达到营销的效果。在软文植入的过程中，通常采用间接植入的方式，可以采用举例的方式植入产品信息或者借用第三者的身份植入产品信息，形成自己的个人品牌。那么，在论坛营销中，为了更好地将信息传达出去，论坛中营销软文具体应当如何撰写呢？如图6.2。

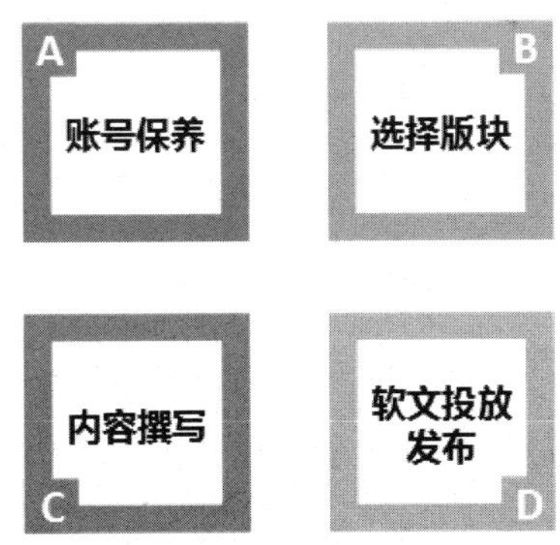

图6.2　论坛营销中软文撰写方法

第一步：账号保养

在论坛营销软文投放之前，必须有一个自己的账号作为文章发布的前提。通常是需要一个官方账号和大概10到20个小号来进行维护的。因此在论坛投放软文的时候可能出现账号被封的情况，而且官方账号发布的信息也需要有一些回帖和顶贴。因此，在决定开展某个论坛进行软文营销活动的时候，需要提前注册一个账号，开始养号。

第二步：选择版块

每一个论坛中都有着不同的版块可以进行选择，而产品符合什么样的版块自然就选择相应的版块进行发表，只有这样，才能更为精确地找到潜在消费的目标客户群。当然，选择的版块也必须是人气旺、活跃性高以及粘度强的版块。否则，将帖子发出去，跟帖和回帖较少那就达不到最终的营销效果了。因此，选择在热门版块进行发表，即使可能过一段时间会被别的新鲜帖子顶掉或者被删掉，那也可以在最大范围内增加转载率。

第三步：内容撰写

在论坛软文撰写的具体步骤中，内容撰写是最为重要的。为了在软文中更好地传达产品的信息，产品信息的流出要自然，可以在开头、中间、结尾三个部分中自然而然地流出产品的信息，在内容中合理地点出产品，更好地引出产品信息，但是不能针对产品进行广告式的解说，以免引起网友的反感，或遭到删帖。

当然，在内容的撰写上，还要注意学会将产品功能形象化，介绍要做到通俗易懂。要知道，只有赋予产品形象化的描述，内容通俗易懂，才能让消费者与软文产生互动，这也是软文策划的核心所在，有利于引起用户的共鸣。因此，一篇好的软文必须要简洁明了，考虑到大多数消费者的理解力，行文用语也要结合消费者的习惯，尽量做到生活化，便于消费者理解和记忆。

第四步：软文投放发布

在论坛中软文的投放是论坛软文撰写的最后一步。在软文投放的过程中，软文中不能含有品牌的关键字，否则容易引起论坛管理员的删帖，可以在有了一定的浏览量之后，修改软文的内容，从而使得软文中有一定的品牌关键词。当然，最后还是可能被删帖。

当然，软文之中不含品牌关键词了就需要论坛营销的工作人员在帖子的回帖和跟帖中，植入品牌的关键词。但是这种操作需要格外注意的是回复的关键词不能在第一页显示，这样可以消除广告的嫌疑，同时也不能太靠后，以免降低曝光率，达不到营销效果。

论坛营销的一个关键之处，就是选择一个有营销价值的论坛。因为有营销价值的论坛才能让自媒体的营销效果达到最佳，才能让自己的营销范围更大，让更多的人了解到产品的信息。要知道，在一定程度上，论坛营销的成功与否与是否选择了一个好的论坛进行发布有着莫大的关系。

李亮是一家小的科技公司的运营总监，在进行产品宣传的时候，针对论坛的火热程度，李亮决定在论坛中进行营销和宣传。于是，李亮在考察中发现，对于论坛营销来说，虽然受到了微博、微信的不断冲击，但是，那些知名论坛还是拥有着较多的粉丝。尤其是天涯论坛，更是有着超高的用户群和点击量。因此，李亮就决定在天涯论坛进行营销和宣传。

但是，在进行论坛营销的过程中，并没有达到李亮想要的结果。由于天涯论坛有着较高的人气和流量，在这里发布消息的企业和个人每天都数不胜数，再加上李亮所在的科技公司并不是那种很有名的上市科技公司，自然，也不能达到吸引粉丝的目的。最为关键的是，天涯论坛一向是情感类的版块比较受到广大用户的欢迎，点击量也较高，但是科技板块却并没有很出色，于是李亮毫无疑问地失败了。

在论坛营销中，论坛的存在可以以一种低成本、见效快的方式让目标消费者了解产品的信息和服务，最终达到提升品牌影响力和加深市场认知度的目的。但是，对于想要玩转论坛营销来说，很多自媒体人可能还抱有一定的畏惧，其实最根本的原因就是不知如何选择一个好的论坛，论坛的选择在很大程度上影响了后续的发展能够达到什么样的效果。那么，如何选择出这样一个有营销价值的论坛呢？如图6.3。

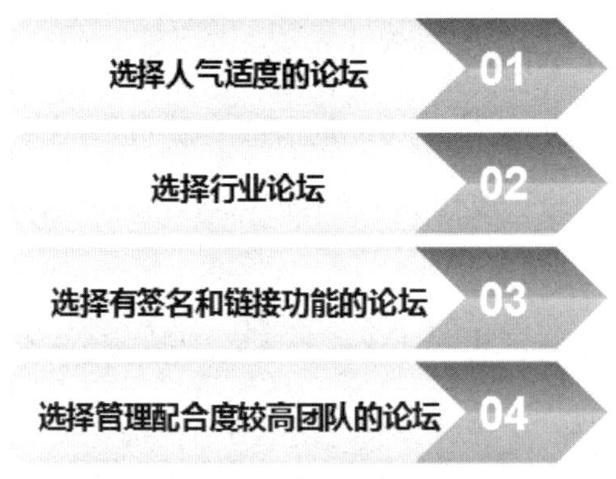

图6.3 选择有价值论坛的方法

1.选择人气适度的论坛

对于论坛营销来说，人气高的论坛相对来说，营销的范围将会更大，将会获得更多人的关注，自然也就可以将更多的产品信息传播出去。但是，往往在这种论坛中，人气太旺，你的帖子也会很快被淹没，以至于帖子无法被收录，达不到理想的营销效果。而人气太少的论坛显而易见就没有营销的必要了，人数太少无法达到营销效果。

因此，在进行论坛营销之前，将所有的论坛整理出来，做出一个基本的考察是一项非常必要的工作。而在这个工作中，考察论坛人气以及活跃性的高低是影响论坛选择的一个关键因素。人气适度的论坛不仅仅可以让自己帖子的传播效率达到最大，还可以实现更加精准化的营销，所以选择人气适度的论坛可以进行更好的营销。

2.选择行业论坛

每一个自媒体人在进行论坛营销之前都会对自己的品牌有一个基本的定位。可以是企业的，也可以是个人品牌，这个可能包括各行各业。要知道在这个前提下，自然是选择行业论坛才能辐射更多的目标消费者。在行业论坛中，都是选择相同行业客户较为集中的地方发帖，这样可以最大程度地让客户看到发布的信息，从而达到最大的营销效果。

比如说：一个经济管理类的公司，主要发布一些企业的信息，内容主要涉及最新的大数据、云计算和互联网思维等这方面的知识，然后对产品信息进行一定的推广和营销。在考察大量的论坛之后，根据众多网友的意见选择和自身的实际情况，选择了人大经济论坛进行论坛营销。在这个论坛中一般都是经济学这一方面的专家，且人气度还是较高的，便于达到最佳的营销效果。

3.选择有签名和链接功能的论坛

在论坛营销中，签名和链接是一个进行二次营销和多次营销的重要方法。要知道，论坛签名是一个非常显眼的隐形广告聚集地。论坛营销者可以在回帖、跟帖的过程中将产品再一次进行营销。

当然，在这里，如果签名中可以加入链接的话将会更加完美。链接的存在可以帮助论坛推广者更好地发布网站的外链接，增加网站流量。但是，对于大多数论坛来说，能够发链接的帖子是需要一定等级的，而且需要有着较强的账号维护能力和软文撰写能力，以及必备的新闻炒作能力。只有这样，才不至于被封号或者删帖。

4.选择管理配合度较高团队的论坛

对于一个论坛来说，他的人气度与论坛的管理者的配合度有着直接的关系。在很多论坛中，管理者的配合度较差，自然就无法形成一个规范、公正的环境，也就吸引不了更多的人气。因此，选择一个论坛管理团队配合较高的论坛，或者说是选择有机会对论坛进行整合和推广的团队，后期配合论坛管理者使用一些推广手段来增加论坛人气，从而提高论坛的知名度，营造出一个良好的氛围。

在论坛的营销之中，论坛是关键，选择好的论坛更是营销的关键。选择一个好的论坛等于是选择了一个好的平台，就等于帮助论坛营销迈出了关键的一步。当然，选择一个论坛除了以上的那几个方面，也可以从总用户数、在线人数以及热门版块的文章浏览量等等方面来选择，只有这样，才能为以后营销活动的开展打下良好的基础。

在论坛营销中，很多时候大家都会忽略个性签名的价值。其实论坛的个性签名这一版块可以让企业或者个人利用起来推广自己的网站。要知道，论坛的个性签名是留下网站链接的一种营销推广方法，这不仅仅可以增加网站的曝光率，还能够提高网站的流量和网站的权重和排名。因此，个性签名在论坛营销中发挥着重要的作用。

当然，个性签名作为一种重要的二次营销方式，不仅仅能够帮助企业增加曝光率，还能在有效运作的基础上，达到推广的目的。个性签名作为帖子上相当于副标题的地方，如果利用得好，是一个能够给网站带来巨大的外链和流量的地方，而且还有一定的品牌推广价值。因此，在论坛营销之中，千万不可忽视个性签名的营销价值。

个性签名既然有着如此大的营销价值，那么，在论坛营销中，个性签名的设置自然也就格外重要了。如何为论坛设置一个具有较大营销价值的签名呢？如图6.4。

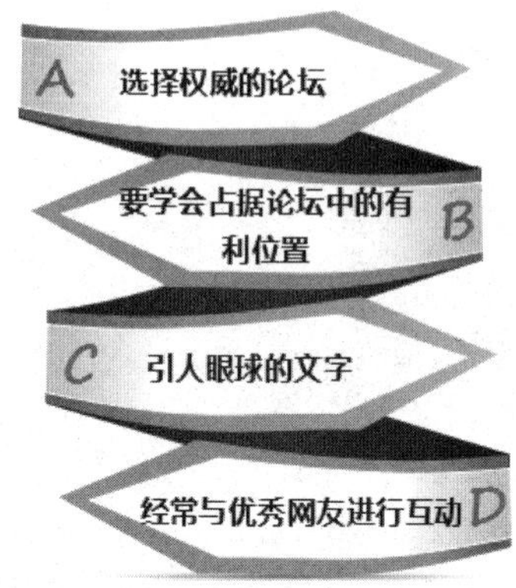

图6.4　设置有营销价值签名的方法

1.选择权威的论坛

大家都知道，个性签名的存在是为了留下外链来达到网站推广的效果，最终达到营销的目的。那么，选择一些权威的论坛，且签名字数又没有过多限制的论坛才能让个性签名发挥它应有的作用。当然，最为关键的一点是，千万不可为了留下外链而选择到处注册那些没有权威性或者不符合发展方向的论坛，不然会产生适得其反的效果。

2.要学会占据论坛中的有利位置

在论坛营销之中，尤其是一些大型的论坛，要想得到较大的曝光率就要争取抢到1到3楼的位置，那么自然将会得到更多看帖人的关注。但是在一般大型的论坛中，论坛搜索引擎收录的速度是非常快的。因此，要想更好地将产品的信息推广出去，就必须抢占有利位置，使得论坛在收录的时候顺便将个性签名一并收录，从而让更多人在搜索的时候关注到你的个性签名，为网站带来更多的流量。

3.引人眼球的文字

要想达到营销的效果，吸引人眼球的文字是必不可少的。只有用一些比较吸引别人注意的词汇，使人产生阅读的兴趣，才会有人点击进入其中，从而最终达到将产品信息传播出去的目的。当然，在如今社会，人们对于热点事件或者新奇词汇有着更为浓厚的兴趣，将这些信息和产品的信息融合起来，这样可以使得个性签名更好地引起大家的注意。

4.经常与优秀的网友进行互动

在论坛营销中，受到微博的冲击，使得在论坛中交流的人大大减少，但是在论坛中还是有很大一部分人有着很大的威望。而论坛营销要想达到最佳的营销效果，就必须经常与他们进行互动，从而增加个性签名的曝光率，提升品牌的知名度。当然，是要进行良性的互动才能更好地达到预期效果。

以上就是如何让个性签名发挥最大营销价值的方法。在论坛营销中，个性签名作为自己发布的每一个帖子底部显示的文字，只要每发布一个帖子，就会在其中显示一遍。其实，这已经不仅仅是二次营销了，还是多次营销，是提升用户对品牌注意力的绝佳方法。

在自媒体的营销之中，可能论坛营销不是一个最快的营销方式，但是假如利用得好，绝对是一个成本投入最低、可信度较高和针对性较强的营销方式。而个性签名作为其中的一个重要部分，自然也就发挥其重要的作用。因此，在论坛营销中，千万不能忽视个性签名的作用。

要想借用论坛达到预期的营销效果，就要学会如何在论坛中进行营销。而在上文中也详细介绍过如何进行论坛营销从而达到最佳的营销效果。论坛之所以成为企业营销中的重要根据地，与论坛有着极为规范的制度，还有超高的人气和聚众能力是分不开的。因此，了解以下论坛营销中的禁忌可以方便自媒体人更好地在论坛中进行营销。如图6.5。

图6.5 论坛营销的三大禁忌

禁忌一：大量发广告

在论坛营销中，虽然挂名营销，却不能直接在论坛中进行推广和宣传，通过大量发广告这种方式很容易让论坛营销造成适得其反的结果。尤其是对于网友来说，很可能引起大家的反感情绪；而且对于论坛管理者来说，这种现象是明令禁止的，最终结果就是删帖，严重的还可能造成封号的结果。

比如说：一个电器类企业要想在论坛中进行营销，肯定不能直接讲出营销的产品信息，而是委婉地间接植入，可以采取故事导入、举例的方式植入、关键词植入等等方式来说明这个电器是如何的好，而不是直接介绍“我的产品如何如何的好”，这样显然会引起消费者强烈抵触情绪，最后还是会被管理员删帖的。

如何避免：当然，针对这种方式的解决办法就是采用软广营销的推广方式，采用润物细无声的营销方式渗透到网友之中，既能够传播产品的信息，又不至于引起网友的强烈抵触情绪和反感，达到最佳的营销效果。也可以采用将产品的信息融入到个性签名等其他版块中，也可用小号进行回复，解释产品信息，都是可以避免大量发广告的方法。

禁忌二：不回帖

论坛之中最佳的营销方式就是发帖子，引起网友的注意力，从而进行评论和转发。在这个过程中，有一个关键的地方就是与网友进行互动、回帖，让网友感受到你对他的重视。如若总是不回帖，网友始终感觉是自己“一个人在唱戏”。因此，不回帖成为了论坛营销的禁忌之一。

打个简单的比方，就像我们前文讨论的朋友圈一样，你发表了一篇文章，有好友在下面进行评论，但是你却置之不理，不回复。那么，相信你下次再次发表的时候，这个好友就绝对不会进行评论了。在论坛营销中也是如此，切忌忽视网友的评论，以免影响网友情绪。

如何避免：这个问题就较为简单了，就是要学会及时、适当地进行回帖，要学会与网友进行互动，才能调动网友的情绪，更好地进行信息的传播和营销。当然，也不可刷屏式的回帖，以免因小失大，影响其他网友的跟帖。

禁忌三：内容雷同

内容雷同是论坛营销中的又一大忌。在众多帖子中，网友作为最直接的旁观者，是非常反感那些内容的。试想一下，当你每篇帖子看到的都是雷同的内容，你会不会有着反感的情绪呢？这不仅仅是在浪费网友的时间，也是在浪费发帖人的时间，是没有意义的一种行为，还可能引起网友的反感。

当然，内容雷同的帖子不仅仅是影响大家的观看时间，还可能会遭到管理员的删帖。这样的话，在论坛的营销中就会造成适得其反的结果，而且严重的还会影响账号的维护，造成封号的后果，这样的话就与论坛营销的初衷相违背了。

如何避免：在论坛营销之中，要想避免内容雷同，就必须学会保证帖子的原创度。原创的帖子因为有其精髓，容易表达出自己的思想，因此在发布的时候更容易通过管理者的审核，也容易受到大家的欢迎和喜爱。而且从长远的发展来看，原创性的软文能够帮助网站的流量呈现上升的趋势，为企业树立良好的形象，让网站的搜索排名越来越靠前。

以上就是论坛营销中的三大禁忌以及解决办法，只有避免出现这三种状况，才能使得论坛营销更好地进行到下一步中。因此，要通过最合适的方案、最佳的方式打造出一个最合适的平台来进行营销。

案例：天涯论坛的华强北远望TB手机知识贴

电子产品作为当今社会的一个重要部分，已经被越来越多的人选择。经常玩论坛的人应该知道，在2012年，在天涯论坛中“手机地带”的版块中出现了这样一个帖子《华强北远望TB手机知识贴与每日报价，供各位参考，降低网购风险》，这个帖子自11月份开始写，一直写到2014年的4月份，成为了一个当时风靡一时的手机知识贴。

在这个知识贴中，贴主将自己的一些真实经验讲述给大家，并且还每日报出手机的一些价格供大家参考，使得大多数的网友都会感觉到这个很真实，从而不断引来大量的浏览量和回帖，得到了更多人的关注。而且最为关键的是，回帖中还包含着很多要求贴主发淘宝店铺链接、加QQ、留邮箱的回帖，这才让人意识到这是一个较强的论坛营销。以下是《华强北远望TB手机知识贴与每日报价，供各位参考，降低网购风险》中的部分节选内容：

……

我们就称作各商家为老大吧。因为在老大手里边拿货是非常之麻烦的，首先开单是一个地方，拿货是一个地方，配件、包装又是另外一个地方，程序非常的繁琐。其次就是你自己得会看机验机，因为离柜后就算手机是个模型，人家也概不负责的。正因为如此，就敷衍出了很多炒货商，通俗的说就是帮全国各地的商家们跑腿拿机子帮发货赚个劳务费！

其实在华强北远望二楼除了有个别的老大们也在这里设立了柜台外，其他大部分就是炒货商。他们一般是中午开盘前开工接单，到晚上大概六点收盘以后统一发货！

由于炒货商每台批发的利润，一般只有5到10元，个别的20元。这使得很多货商以高仿电池换原装电池，以组装耳机换原装耳机，以高仿数据线充电器换原装数据线充电器等来应付各类批发客户，提高利润。现在高仿山寨翻新技术非常的高明了，就算是从业销售过很多年手机的很多销售商也很难从外观上辨别出来。所以销售商要想拿到好的货源就得找好上级，与之建立良好的长期合作关系！

……

今日华强批发报价奉上，供各位参考：

……

在刚看到这一篇帖子的时候，很多人可能都会认为这个贴主是一个经常玩手机的人，还可能是进行水货贩卖的人，而且还是一个特别真实的人。其实殊不知，这正是贴主的最为高明之处，是论坛营销中的一剂“灵药”。这种文字流畅，并加以真实经历的叙述，在很大程度上已经取得了大家的信任，以至于有了以下评论。

由以下评论大家可以看出，贴主已经将营销自然而然地深入到网友的心中，最终实现了营销的目的。那么，在论坛营销中，究竟如何做才可以达到这个效果呢？要做到以下几点：

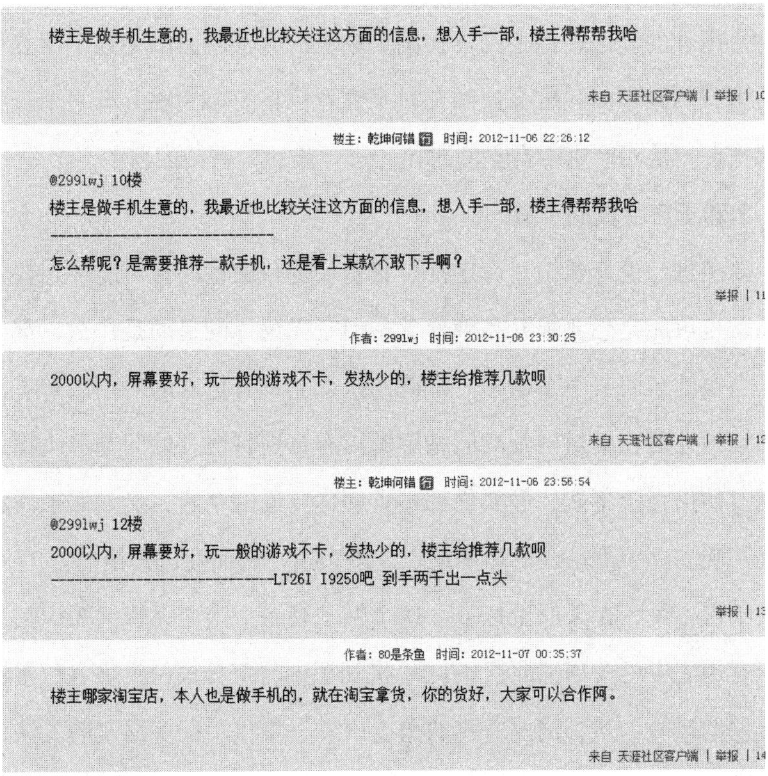

楼主是做手机生意的，我最近也比较关注这方面的信息，想入手一部，楼主得帮帮我哈

来自 天涯社区客户端 | 举报 | 10

楼主：乾坤何错 行 时间：2012-11-06 22:26:12

@2991wj 10楼
楼主是做手机生意的，我最近也比较关注这方面的信息，想入手一部，楼主得帮帮我哈

怎么帮呢？是需要推荐一款手机，还是看上某款不敢下手啊？

举报 | 11

作者：2991wj 时间：2012-11-06 23:30:25

2000以内，屏幕要好，玩一般的游戏不卡，发热少的，楼主给推荐几款呗

来自 天涯社区客户端 | 举报 | 12

楼主：乾坤何错 行 时间：2012-11-06 23:56:54

@2991wj 12楼
2000以内，屏幕要好，玩一般的游戏不卡，发热少的，楼主给推荐几款呗
------------------------------LT26I I9250吧 到手两千出一点头

举报 | 13

作者：80是条鱼 时间：2012-11-07 00:35:37

楼主哪家淘宝店，本人也是做手机的，就在淘宝拿货，你的货好，大家可以合作阿。

来自 天涯社区客户端 | 举报 | 14

1.学会引导别人跟帖

在论坛中，发表帖子后的一个最大任务就是回帖，引导网友进行跟帖，从而将帖子不断炒热到大家的面前。就好像这个帖子中很多人都在问贴主的淘宝店链接、QQ、手机、邮箱等等联系方式。对于那些真心想要产生交易的人，会直接留下自己的联系方式，方便贴主进行联系。

而没有产生购买想法的，也就会直接回帖进行询问。因此，学会引导别人跟帖是引导论坛营销更好进行的重要方法。

2.以图片为载体

在这个帖子上，有一个最大的聪明之处，就是每日报价，且将图片放在了帖子之中。这在无形之中消除了一部分用户的戒备心理。姑且不论这个图片的真假，但是网友在浏览帖子的时候就会因为这个图片而格外地多看两眼，而且也会让网友对于究竟价格有多大水分有一个较为准确的把握，从而产生不自觉的对比，进一步达到营销的目的。

3.对于产品真的了解

要想进行论坛营销，肯定都是有着一定目的性的。可能是想要营销产品，也可能是想要提升品牌形象，但是无论你的目的是什么，都必须对于营销的东西有一个清晰、准确的认识。只有你真的对产品有着深刻的认识，才能在应对网友的回帖中游刃有余地将网友的问题解决掉，取得网友的信任。不然，假如你都不了解你要说的东西，又如何来说服别人购买呢？高手都是在不知不觉中放出大招，从而促进营销的。

不得不说，在天涯论坛上，这个帖子是一个当之无愧的知识帖。在论坛营销之中，《华强北远望TB手机知识贴与每日报价，供各位参考，降低网购风险》从为网友着想的角度出发，聚集了很多网友的关注，并引发其热烈的讨论，从而获得了更好的营销效果。

在论坛营销史上，有这样一个经典的营销帖子成为了后来人们争相讨论的话题。名字叫：《为了淘宝，老婆辞了IBM！》。这个帖子可以说是淘宝论坛最为出色的帖子之一，曾经创造近五万的浏览量，回帖量超过两千，而且还曾经在不同时段上过淘宝首页，大大增加了帖子主人在淘宝论坛的曝光率，最终获得了较高的营销效果。下面我们来看一下帖子最开始的原文是来怎么写的。

其实一直以来都有在淘宝买东西的。不过发现老婆最近有点不正常。老是看化妆品。

还买了不少。早几天居然神秘的带我出去。说：有物美价廉的东西哦！然后就跟着去。

到了地方才知道晕，原来是买了化妆品。我一看，差点晕倒。原来是进货来的。老婆可顾不上和我说，马上就付款然后要我抱回来。

郁闷，被骗了……

一回到家，什么都不管，马上登记，发布。我倒是冷眼看着，想，你做那丁点的生意，还不够你自己逛街呢。

邪了！！放上去第一天就卖出了东西，我倒。

然后连接三天都有人咨询，有人购买。真的这么有趣？

晚上回来，老婆和我说，她已经提交辞职信了……我十分惊讶。当时为了打进IBM，可是拼杀了不少时间花了不少时间才可以留下的啊。不过老婆却自信认为，做淘宝比做IBM好。

看来她是眼红我了。想和我一起上班啦……哈哈……（我做国际贸易在家上班）

当初这个号申请来是买Q币玩游戏的。现在已经没啥兴趣了。就偶尔下下象棋。

现在这个号已经被老婆拿去买东西。现在居然也卖起东西了。

一个星期过去了，没想到，老婆在淘宝卖出了十几样东西。今天早上起来一看，居然快双心了。小样，混得还不错嘛！

老婆说，如果不是因为有几个MM心急，要求线下交易，早就双心了……想想也是。

前天晚上就有个MM，谈好后心急想用，带着老公，开着马6过来拿货。电话告诉我老婆，说我开马6的。你等会好认得我。

我老婆回头问我，深圳可以骑马的吗？我差点没跌倒。

我说，那是马自达6，好不好。

交易过程很愉快，看着老婆开心的样子，我也乐了。

除了交易成功外，老婆还认识了不少朋友，我想这点是最重要的。

因为看着买家的评价我就知道，都是说，MM不错，东西好，好便宜，下次还来这里买。

我经常教育老婆说，做生意就要先做人，生意可以没做成，但是朋友一定要做成。没想到，还学得挺快的。

今天老婆应该被Team leader叫去谈话了，因为提交了辞职信，估计还要做上20天到1个月，就下岗了。

无论如何，只要老婆开心就好，没钱我养她算了。那点工资也刚够她逛街用的。如果全职做淘宝，不知道够不够呢？希望她多多努力啦。

……

由以上大家可以简单地看出，在这个帖子中，是一个淘宝卖家的丈夫在写，而真正的卖家是他的老婆。这个帖子讲述了他们所做淘宝的整个成长历程，内容相当丰富，从做淘宝卖家做起，女主人为了做淘宝辞去IBM的工作，走上了淘宝药妆的经销之路，曾经连续更新了几十次，字数过万，最终发展到现在，成为了一个拥有二十多万库存，并有着较大规模的淘宝五钻店铺。

从帖子的内容中，不由自主地就拉近了卖家与买家的距离，让大家感受到店铺经营的快乐。而且帖子的主人从来没有回避在店铺经营的过程中所遇到的一些烦恼和困难，但是总是以一种轻松的基调来给大家介绍，这种用积极的心态来经营店铺也给大家留下了深刻的印象。同时也得到了大家的不断分享，大大增加了帖子的曝光率。在这个帖子中，卖家营造了一种非常好的氛围，让大家在阅读的过程中产生了无限趣味性。那么，从这个帖子中，我们可以看到贴主究竟是如何实现论坛营销的。

1.有一个新颖、引人注目的标题

帖子以《为了淘宝，老婆辞了IBM》为标题，在很大程度上，就已经吸引了用户的目光。好奇是人类的天性，看到这里，人们会想，辞掉IBM？为了淘宝？这个会令很多人产生不解，进而有了进一步阅读、探究答案的兴趣，这也就达到了初步营销的目的。因此，在论坛营销中，要想不让自己的帖子迅速被淹没，就需要设置一个醒目的标题。

如何做：什么样的标题是一个好的标题呢？一方面肯定是发人深省、有卖点的标题，能够在一定程度上吸引网友的目光，让他们产生阅读的欲望，进而产生购买的欲望；另一方面就必须是一个简单有力、能够制造悬念的标题。这样的标题能够给让大家迅速理解，同时又意犹未尽，产生一探究竟的想法。只有这样才能让你的帖子在众多的帖子中脱颖而出，并被更多的人阅读。

2.不要偏离想要营销的主题

有些人在进行论坛营销的时候，经常本末倒置，忘记了来论坛的最终目的。内容是传播信息最为关键的部分，也是阐述文章主题的关键。淘宝这个帖子发布的最终目的就是为了促进卖家的销售，也就是带动店铺内的业绩提升。因此，针对淘宝店铺的经验分享有利于淘友更为详细地了解店铺的经营和成长，最终也就吸引了大家的注意力，自然而然地起到了营销的效果。

如何做：如何撰写出与营销主题相关的内容呢？在帖子的撰写中，要尽量写大部分人所关心的话题，写与大家都有关系的内容，这样的帖子才能够最大程度地吸引他人。就好像对于淘宝论坛来说，更多的人在这个论坛里是想要学会如何开好一个淘宝店铺，那么，自然淘宝店铺的经验分享和成长历程就能够更好地得到大家的关注了。

3.以最真诚的态度进行分享

在论坛营销之中，一定要抱有最真诚的态度去和网友进行分享，才能得到别人同等的回报，最终将营销做好。要知道有时候，真正打动人心的不在于你的文字处理能力有多高超、华丽，而是在于文字中字里行间的那种真实性和亲切感。就好像这个淘宝帖子一样，贴主始终将网友当做朋友，把自己最真实的经验和想法讲述给大家，以一种分享的态度，让大家产生了心灵的碰撞。

如何做：在发布帖子的过程中，要选择将最真实的想法和经验分享给大家，把那些未知的网友当做自己的朋友，甚至是亲人，才能更好地得到网友同等的回报，最终达到营销的目的。只有报以真诚，才能回以真诚，要想产生营销的行为，就必须得到信任。

4.注意后期帖子的维护

要想帖子得到更多人的关注，就不能发布之后就听之任之，任由帖子在论坛中自生自灭，那么，帖子可能在发布后不久就会被其他的帖子所淹没。而案例中淘宝帖子就是在不断更新帖子内容，不断回复网友回帖，内容也不断丰富的过程中，受到越来越多人的关注的，并最终成为了一个出色的淘宝论坛帖子。

如何做：想要通过帖子能够在论坛中达到营销的目的，就必须保持不断更新帖子内容，不断添加新的内容让帖子始终保持更新状态，重视大家的回帖，并且也要多回帖，不断维护帖子。

论坛营销可以简单地理解为两个重要的部分：一个是论坛，一个是营销。在本文中，贴主一方面选择最为适合自己的淘宝论坛开始了第一步，并且选择了符合自己想要营销的主题；另一方面，在帖子的撰写中始终带着一种营销的心态，但是又不失真诚地对自己的淘宝店铺进行了一定的宣传，最终达到了营销的目的。因此，这篇帖子成为了淘宝论坛中最为出色的帖子之一。

第七章

视频营销：为用户带来更直观的消费体验

在自媒体的众多营销方式之中，如微博、微信之类的营销方式，大多数的自媒体只能以文字、图片方式向用户传递与产品相关的信息，这就对营销效果有了一定程度的影响。而在当今社会，受到视频营销这种感官性和视觉性的双重刺激，用户获得了更加直观的消费体验，从而使得用户对于产品或者品牌有了更加立体化的印象，也使得视频营销更容易取得消费者的信任。

视频营销的优势有哪些

在自媒体营销中，除了上文简单介绍的微信、微博、论坛营销之外，还有一个经常会使用的营销方式，那就是视频营销。视频营销就是依托互联网平台，将各种视频短片以不同的形式放到互联网上，通过视觉感官冲击的方式获得理想营销效果，最终达到营销目的。当然，智能化设备的不断普及也为视频营销提供了一定的平台基础。

在移动互联网快速发展的今天，视频营销也受到了越来越多自媒体人的关注和重视。与传统的其他媒体相比，视频营销有着更为强烈的视觉效果，可以在更大程度上帮助用户更为直观地了解产品，是实施现代营销媒体战略的重要部分。当然，视频营销中的视频可以是产品视频、也可以是品牌视频、企业宣传片和微电影等形式的视频。

杨贺是一家小企业的老板，在公司成立三周年之际，他邀请了一些老客户、新客户以及潜在客户参加自己公司的三周年庆典活动。在这个活动中，他展示了自己公司三年以来的产品，还安排了一些轻松、搞笑的娱乐节目，并且请来专门的摄影师将活动全程拍成了视频，并在视频的最后附上了公司的名称、电话和地址。在活动结束后不久，他将这个视频上传到了各大公开的视频网站中。

第二天到公司后不久，就有人告诉他，很多人打电话过来咨询我们的产品问题，并且视频底下也有很多用户留言，比如："那个小品太有意思了，有才！""这个公司的产品看着不错啊！"等等。就这样，他的企业以及产品因为这个视频在网络之中"火"了一把。杨贺在接受采访的时候说道："这个视频拍摄，只是自己在举办庆典的时候顺便的事情，想不到比那些投入巨额资金的广告更有效果。"

杨贺由一则视频达到了几百万广告费可能都达不到的营销效果，不得不让更多的企业和个人看到了视频的优势。视频营销也以其独特的优势成为越来越多企业的选择，尤其是那些公司规模小，营销成本受限制的小企业，视频营销更能够达到最佳的营销效果。那么，究竟视频营销的出现有着什么样的优势让如此多的企业青睐于它呢？如何才能够达到如此最佳的营销目的呢？如图7.1。

1.感官性冲击较强

感官性强是视频营销的一个最重要的特点。这种以视频或者动画为载体，以图、文、声、像的形式传送的营销方式，相比于别的方式来说，更能够让用户以多感官的方式实现信息传送的目的，使得用户真正感受到产品的存在，也比单纯的文字传播多了几分信服力。在企业发展过程中，视频营销是必不可少的，是能够给用户带来强烈感官体验的营销方式。

在众多的营销形式中，视频可以说是一个直接冲击用户视觉和大脑感官的方式，有句俗话说的好："再好的文案、再颠覆人心，也是需要消费者去想象的，而再震撼的视频，不需要消费者去想象就可以震撼人心。"因此，在视频营销中，一个内容价值高、观赏性强的视频，在让顾客全方位了解你产品的同时，更能够抓住并锁住顾客的心。

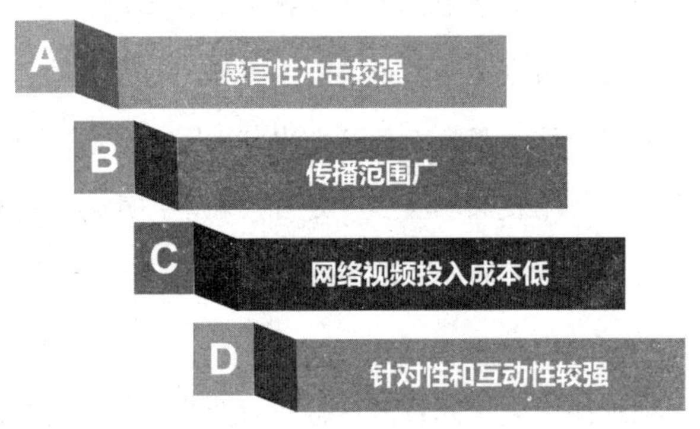

图7.1 视频营销的优势

2.传播范围广

大家都知道，在智能化手机几乎人手一部的今天，视频可以面对的受众群体将会更加广泛。无论是在传统营销媒体电视上还是在新媒体微信、微博上，视频都可以不受时间和空间的限制向广大群众进行营销和传播。而且在如今的时代，视频更容易引发大家转发的兴趣，从而扩大了传播范围。

视频的传播范围可以覆盖所有等级的人群。可以传播到那些文化程度较低的人群，使得他们更加方便地去理解产品的信息，从而达到将产品宣传出去的目的。视频营销可以最大程度地扩大传播范围，进而达到提升品牌的影响力的目的。

3.网络视频投入成本低

了解硬广的人大概都知道，在电视台投放一支十几秒的广告，一天的投入很可能是少则几万几十万，多则可能达到上百万上千万，这都是很正常的事情。但是在自媒体营销时代，越来越多的人开始将视频传播到网络这个平台上。要知道，在网络上投入视频相比于传统媒体来说，费用是要优惠很多的。当然，还有最为关键的一点就是网络视频起点比较低，可以让更多的人参与其中，却带来较高的性价比。

4.针对性和互动性较强

在视频营销之中，视频在制作之前都会有一个产品的定位，对受众也有一个清晰的定位。比如，一个化妆品的视频，肯定是针对女性群体来进行营销，才能够达到最佳营销效果。只有针对这个群体进行仔细的研究和分析，才能制作出更适合用户产品营销的视频，从而达到最终将产品销售出去或者提升个人品牌知名度的目的。

当然，在网络视频中还可以支持网友针对视频不断进行评论、回复、传播等功能，方便了网友之间的互动与沟通。这种更为亲密的互动可以更好地消除消费者的戒心，方便消费者进一步了解产品的信息，拉近用户与消费者之间的距离，更好地进行信息的推广和营销。

视频营销的优势已经无需多说，越来越多的人开始将目光集中在视频营销上，同时也带动了一大批自媒体品牌的崛起。视频营销不仅仅可以帮助产品信息更好地传送到用户的眼前，还可以将产品营销做得更好。因此，充分、合理地利用视频营销，才能为用户带来更为直观的消费体验，才能更好地使营销达到预期目的。

视频营销平台推广策略——怎么做到霸屏首页引流

由上文可以看出，视频营销得天独厚的优势条件使得视频营销已经成为自媒体营销的一个重要方式。作为营销的一个引流利器，它正在吸引越来越多的人参与其中，成为一个吸引用户目光、增加网站流量的重要营销平台。因此，视频营销平台的存在已经成为霸屏首页的引流利器。

视频作为一个感官性较强的平台，在制作的时候，是可以集图片、文字等各种信息为一体的。视频营销是非常容易给人带来视觉冲击的。因而，在视频营销中，就有了视频霸屏这一说法。官方对于视频霸屏的说法就是利用视频SEO技术，借助所有能利用的高权重视频平台并将其收录，把关键词运用到视频优化中去，使得视频被多次推荐到首页，形成关键词霸屏现象，真正达到了垄断流量和提升品牌的形象的效果。那么，究竟视频营销平台推广策略怎么做到霸屏首页引流的呢？如图7.2，我们来详细说明一下这个问题。

图7.2　视频营销做到霸屏引流的方法

1.视频营销平台的选择

在视频营销中，视频平台的选择是一个影响营销效果的重要因素。在生活中，可能我们经常会使用一些视频播放软件，比如百度视频、爱奇艺、腾讯、优酷土豆、芒果TV等等。我们可以选择将视频在这些平台上全都发布，从而观察到视频本身的点击量和视频收录情况。在视频的制作中可以着重观察下究竟哪个视频平台收录较快、比较受广大用户的喜欢，那么，在下次视频营销之中，就可以选择使用这个平台。

因此，选择视频平台的时候还可以选择那些本身播放量就是较高、更受大众喜欢的视频平台。在这些平台中，视频的发布可以辐射到更多的用户，增加视频的点击量和播放量。但是，这样的话也就对视频的质量提出了较高的要求，不然很容易淹没在大量的视频软件之中。

2.关键词的布局情况

在所有的视频平台中，关键词的存在对于用户的搜索是非常重要的。在大多数的视频营销之中，大家都会选择一个视频有着相同的内容和标题，发布在所有可以发布的平台之中，这种方法是最为常见的方法，在一定程度上也可以使得视频达到霸屏效果。

除了上述方法之外，大家还可以选择相关性关键词的布局。在视频的标题中，可以选择使用辅助关键词来帮助主要关键词增加播放量和点击量。辅助关键词与主要关键词就是前后缀不同，部分可能还有一些中缀不同，但是主打关键词必须在标题中为核心词汇，这样就可以得到更为广泛的搜索量。

当然，对于核心关键词的选择才是影响视频营销霸屏的关键之处。在标题的撰写中，标题分为核心词汇+扩展词汇。扩展词汇的选择就较为简单了，可以选择百度下拉框的相关词语，毕竟这些词汇也是易搜索的词汇。而核心关键词就需要慎重选择了，由于现在收录词语较多，核心关键词应该选择那些竞争度小、较为精准的关键词，这样，才可以为视频带来更多的流量。

3.学会二次利用甚至多次利用

在视频营销平台上，选择将同一个视频多转换多转发，这样就可以简单地利用刷屏方式将视频推送在用户面前，毕竟所有的视频平台都是一个公共平台，刷屏式发布对于用户没有很大的影响，只要平台允许即可。

因此，要想霸屏做到首页引流，还可以选择改变视频的格式和标题将视频发布在多个渠道上，甚至可以是微信、微博中，从而增加视频的点击量。或者每个视频都会有一个特别精彩的片段，可以截取一小段，选择同样的标题在多个渠道发布，有兴趣的人自然会继续关注，这样既节省了时间也达到了营销的目的。

4.要始终坚持“内容为王”

无论是在哪种营销方式之中，内容都是营销的核心部分。内容的好坏直接决定了营销能够达到什么样的效果。视频中的内容自然就是指原创并且比较有实用性的内容，而不是全部是广告或者引用别人的视频，如果没有什么好的内容，霸屏是很难实现的。当然，营销过程中不可避免地需要植入一定量的广告，在视频中植入广告最好选择结尾处，并且时间最好不要太长以免引起观看者的反感。

以上就是如何通过视频营销做到霸屏首页引流的方法。对于视频营销来说，霸屏引流绝对是将产品营销范围做得更广的重要方法，能够更好地将产品直观地呈现在大家面前，更容易取得大家的信任。所谓的“耳听为虚，眼见为实”大约就是这样一个道理吧。

直播视频正成为视频营销领域的旗帜

近几年，随着网红直播的兴起，直播视频也在逐渐进入自媒体营销之中，成为视频营销的重要方法之一。随着互联网技术的不断发展和人们要求的不断提高，传统营销视频已经逐渐不能满足用户的需求了，而网络视频直播以其最为真实、实时、直观性的特点受到越来越多用户的喜欢，也成为自媒体者视频营销领域的首选方法。

在直播视频的营销中，用户可以看到一个最为真实的反映和相对来说较为真实的信息。视频营销的存在本身就是为了给予消费者以最为直观的信息发布，使得用户更加容易产生信任感。在这一方面，乐视视频一直行走在行业的前沿。

在2013年的时候，乐视视频推出乐视电视，开始了乐视视频的产品售卖。在三年后的今天，乐视电视取得了巨大的成功，电视销量累计突破了700万台。因此，在2016年7月3日，乐视视频为了庆祝乐视电视上市三周年，且累计销售量突破700万台，举办了一场“乐视生态啪啪啪”的庆祝活动。

在这次活动之中，最大创新之处就在于使用了花椒视频直播平台全程进行活动的直播，并且与以往活动反其道而行，反向打赏网友，使得活动取得了空前的成功。而且据数据显示，直播期间，共有超过125万人次观看“乐视生态啪啪啪”活动的在线直播，收获了31.3万的点赞量，而乐视的花椒官方直播账号“乐大宝儿”成功吸粉的数量也相当可观，成功为乐视视频拉拢住一大批粉丝。

乐视直播视频营销活动的成功举办，使得乐视电视的品牌名声再一次提升了一个高度，直播视频也逐渐走入视频营销之中，成为了视频营销领域的旗帜。而以花椒直播视频为代表的视频营销，正在形成一种新的企业营销方向。那么，究竟直播视频是如何成为视频营销领域的旗帜的呢？如图7.3。

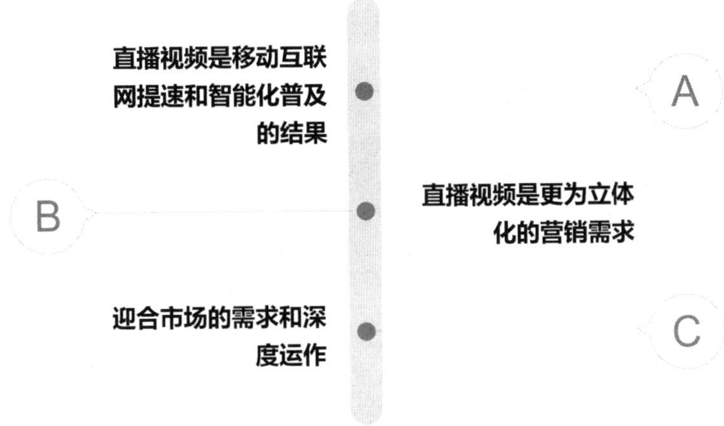

图7.3　直播视频成为视频营销旗帜的方法

1.直播视频是移动互联网提速和智能化普及的结果

随着网络技术的不断发展和智能化设备的不断普及，大家对于视频营销提出了更高的要求。从2014年开始，视频直播就已经开始进入到我们的生活中，像花椒直播这类移动互联网时代的视频APP产物，开始不断受到市场的欢迎。其实这从根本上是得益于移动互联网的迅速提升，使得视频直播成为了一个更为方便和快捷的全新营销方式。而且，更为重要的是智能设备的不断普及，使得直播视频有了更为方便的平台和发展市场，能够更好地将营销传播到用户心中。

2.直播视频是更为立体化的营销需求

自从微博、微信出现之后，人们对于网络营销产生了更为浓厚的兴趣。但是在这个信息已经泛滥甚至爆炸的年代，文字和单纯的图片已经不能够满足人们的需要，因此，视频直播成为了一个更为立体生动的营销阵地，成为营销的新的传播方式。而直播视频作为视屏营销之中最为真实的立体传播方式，能够让用户更加真实地、立体地进行产品的营销。因此，也就成为了视频营销的旗帜。

3.迎合市场的需求和深度运作

在近两年，直播平台划分成为两个主要的阵营：一个是花椒视频直播，一个是映客视频直播。在2016年巴西奥运会意外走红的傅园慧参加了映客直播，至此之后，越来越多的明星开始被请去开“视频直播首秀”。花椒直播视频就邀请著名演员范冰冰进行视频直播，吸引了大量的粉丝的关注，成为了一个引流利器。

直播视频在如今之所以这么火，与当今市场对于视频直播的营销和宣传有着莫大的关系。随着智能化时代的来临，大家对于看视频、玩视频本身就有着非常大的兴趣，再加上一些美女网红直播的出现，成功吸引了大量粉丝的注意力。相比于文字和图片来说，视频更能给用户以直观的感受。因此，直播视频在一定程度上迎合了市场的需求。当然，也和一些视频直播网站的深度运作不无关系。

可能在很多人眼中，直播视频就是网红直播。其实不然，无论是最近越来越盛行的明星直播，还是乐视电视的发布会，在一定程度上都在告诉我们，直播视频已经以各种各样的形式开始走入我们的生活之中，成为了一个引流利器，也成为了视频营销中的旗帜，得到了越来越多的自媒体人的喜爱。

微电影作为一种新型的视频营销方式，自2010年的“老男孩”一炮走红之后，受到了大家的广泛关注，也开始显示出自己巨大的发展前景。就这样，这个跨越了电影和商业界线的视频“新宠儿”开始受到各大视频网站和自媒体人的热捧。爱奇艺、优酷、腾讯等等各大平台开始不断引进，成就了微电影营销这种新的营销发展模式。

在微电影营销之中，有人将它比喻为：“一种拍得像电影的更高级别的广告”。这种新型的营销方式能够带给受众以全新的感受，让用户得到精神上的认同和愉悦，成为了一种视频营销下的全新视听体验。因此，微电影营销的存在，能够快速建立起受众与品牌之间的信任关系，成为了成功进行商业营销的网络电影，也成为了视频营销的必备技能。

2015年，意尔康作为一个大品牌，制作了自己的一部品牌微电影，名字叫做《初心不止》。在这个电影中，它浓缩了自己整整二十年的品牌生涯，向世界讲述了自己关于坚守的理解和行动，并且着重说明，在自己企业的发展之中始终坚持："千里之行，始于足下，意尔康铭记初心，没有终点。"微电影的制作中请来昆曲名伶曾杰加盟。二十年的昆曲人生，这是曾杰给这个世界的印象，从江南小镇到世界舞台，曾杰靠的不仅是娴熟的唱腔，更是对自己初心的一种坚持。厌倦，往往比喜欢来得更容易。

在意尔康的企业发展之中，二十年前，意尔康的匠人亲自构思皮鞋样式，亲手挑选材料、画图、剪裁、缝纫、刷胶、复底、整理。日复一日，意尔康已经不是那个江南小镇里的作坊了，但是对于皮鞋的态度，一如二十年之前。做鞋也许并不难，但热爱与坚持才能做到极致。于意尔康而言，二十年静心坚守，守的是二十年专注做鞋的初衷，是二十年对民族品牌的敬意。意尔康的发展之中，也始终和曾杰在坚持着一件一样的事情，他是昆曲，它是做鞋。

在这个微电影之中，意尔康没有过多地宣传产品的信息，只是将最为真实的制作过程呈现给大家，以一种平凡的态度和精心的制作说明自己对工艺的要求，也正是因为这一份匠心使得意尔康始终在细微之中专注，成为一代名族企业的典范。那么，微电影营销如何成为视频营销的必备技能之一的呢？如图7.4。

1.学会深入表现品牌价值观和产品诉求点，进行整合营销

对于视频营销来说，营销也是制作视频的一个重点方向。而微电影就是将品牌、产品巧妙地融合在一个好故事中，通过故事的方式表达出

品牌的价值观和产品的诉求点，成为一种营销传播的热点和工具。而且，最为关键的一点是，在微电影的制作之中，可以以最小的成本达到最大的营销效果，这对于很多自媒体来说，是一件性价比比较高的事情。

当然，将品牌的价值观和产品的诉求点综合起来制作的视频不仅仅是需要面对各大视频平台，还需要在微博、微信、博客和论坛中寻找潜在用户粉丝，从而扩大粉丝规模，通过一系列的整合营销来扩大微电影的影响力，最终达到营销的目的。

图7.4　微电影成为视频营销技能的方法

2.品牌形象突出，精准化营销

在微电影的营销之中，有一个最为关键的特点就是将品牌作为营销的主要发展方向。品牌的营销是产品营销成功的前提。只有树立起良好的品牌形象，才能将品牌倡导的价值和信念化为某一个层次的人的生活方式和消费方式，最终达到精准化营销的目的。

2016年1月百事可乐的微电影《把乐带回家之猴王世家》，恰逢猴年春节即将来临之际，消费者回家过年“把乐（百事可乐）带回家”，在带给消费者感动的同时，也将百事可乐的商业理念悄然植入消费者的心中，让消费者久久难以忘怀。通过突出百事可乐中的“乐”，与广大消费者高高兴兴回家过年的心境相吻合。这种营销方式不仅仅扩大了品牌的影响力，更能达到精准化营销的目的。

最为关键的是在2016年的“把乐带回家”中，六小龄童老师演绎的《把乐带回家之猴王世家》，成为了“百事把乐带回家2016”重量级的第一弹。因此，在这个视频营销之中，《猴王世家》一经上线，便引爆了今年的社交网络。在自媒体营销之中，优质的内容已经变成了一种媒介，代表着品牌去说话，然后真正的影响媒体和消费者去转发和评论，形成自传播。随后，百事中国又推出两支视频，分别由大圣归来的手稿原作者齐帅和90后的手艺人梁长乐演绎，对《猴王世家》篇里，六小龄童“下一代就看你们的了”进行了传承，更是扩大了品牌的影响力，真正将“乐”带到了用户心中。

微电影不同于电影的制作。在微电影中，可以在制作之初就以广告为制作定位，改变硬性植入的现状，配合故事的情节，进行一定的软性广告植入，避免了观众对于广告的抵触情绪。在微电影营销之中，主要方向就是致力于让观众动情，不局限于产品的曝光和品牌形象的提升，而是真正让观众从产品体验升华到情绪体验，甚至上升到精神高度，这正是其提升品牌形象的精髓所在。

3.微电影能够使娱乐与广告深度整合，进行互动营销

在微电影营销之中，作为视频营销的一种，将广告融合在视频之中，并配以娱乐性的东西引起大家的注意，是进行营销的关键。通常来说，有着娱乐性质的东西更能够引起观众的注意以及引发大家评论，进而产生互动。而且相对于其他营销方式来说，通过视频网站来进行产品

的营销视频制作能够节省成本投入。这样的话可以用更多的钱进行后期的宣传推广，从而达到更好的营销目的。

当然，还有一个重要的原因就是，微电影营销的制作可以没有较多的制作要求，可以有着更大的创造和制作空间，能够更好地按照品牌和产品的需要来进行创作，更加符合后期营销推广的需要。而且经由视频网站的制作在一定程度上是没有像电影那样较大的压力的，能够更好地宣传营销主题，从而更好地实现视频营销。

微电影作为视频营销和电影中的一个必备技能，能够用全新的电影文化理念来更好地诠释品牌。而且在微电影之中，可以有着明确的营销传播诉求点，这种方式能够以更加自然、坦然、直接的方式面向大家。最为关键的是微电影营销能够不受时间和创作地点的限制，可以更加自由地发挥自己的创意，更容易取得用户的信任和喜爱。

短视频营销的注意事项

短视频作为如今一个重要的自媒体营销渠道，在视频营销之中，发挥着不可替代的作用。对于大多数自媒体营销者来说，短视频花费的时间相对来说更少、成本也相对更为低廉，也更加符合自媒体发展之路。

越来越多的企业也开始将短视频营销作为一个重点的营销发展方向。在短视频营销之中，视频所代表的是一个产品、品牌的形象，是面对用户的最直接的视觉性方式。视频的营销成功与否直接影响用户对于产品、品牌的最终印象。因此，了解并避免短视频营销之中应该注意的问题是自媒体人成功的关键之处。如图7.5。

误区一：仅仅将产品和品牌植入，而不是真正将产品包装成内容

2016年，伴随着直播视频的出现，网红一度成为了热议的话题，同时也使得一些网络名人因为视频营销取得了较高的知名度。但与此同时，在短视频的制作过程中，用户的兴趣爱好决定了视频的内容，而内容又在一定程度上与用户的兴趣相投。如果在这个过程中，制作者仅仅将产品和品牌植入视频之中，而不是真正让视频具有内容，也就是带有一定产品和品牌形象，那么，这个短视频也就失去了本身的营销价值，甚至还可能引起用户的反感，使得营销效果适得其反。

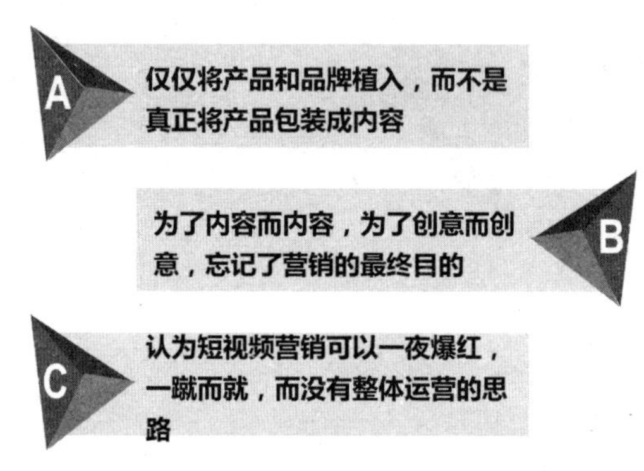

图7.5　短视频营销的注意事项

如何做：短视频营销肯定是需要将产品和品牌融入在视频的内容之中，才能达到营销的效果，也就是视频之中的内容营销。但是，在很多人眼中，内容营销就是植入广告。其实不然，内容营销是把你的产品或者品牌包装成内容，让内容植入你的产品，这才叫内容营销。

因此，确定好视频的营销主题，最好是与营销的目标一致；再寻找产品、品牌和视频主题的相关共同点，让两者巧妙地融合到一起去，从而更好地做出与以营销主题相关的视频内容，达到最终的短视频营销的效果。

误区二：为了内容而内容，为了创意而创意，忘记了营销的最终目的

在制作短视频营销的时候，为了一味地追求点击量和播放量，很多人都会犯这样的错误——与当初进行视频营销的最终目的相违背。视频营销之中，没有将真正的产品或品牌的内容融入视频中，这就脱离了营销的主题，显然是一个没有营销价值的视频。尽管，这个视频可能会有很多好的内容，有很多新奇而又新颖的创意，但是对于营销来说，是没有任何价值的。

如何做：要知道，在所有的视频营销之中，只要有着营销的目的，那么，所有的内容以及创意都需要为产品或品牌而进行设计，只有这样，才能真正将信息传播给用户，让用户了解到产品或品牌的价值，真正给用户以视觉性和感官性的刺激，将营销深入到用户心中。

误区三：认为短视频营销可以一夜爆红，一蹴而就，而没有整体运营的思路

在当今社会，的确有很多短视频做到了一夜爆红，如同病毒营销一样，让很多人有了一个简单的认识和了解。但是，当短视频一旦有了营销的目的之后，这种短期的营销思路显然就已经不适合了。在短视频营销之中，它的主要目的就是为了宣传产品、提升品牌形象，而不仅仅只是做一个视频，做完之后就没事了。如今的营销格局已经使得营销变成一件需要长期去做，并且不断维护的事情了。因此，这种一夜爆红，想要一蹴而就的想法不是短视频营销的正确做法。

如何做：在营销之中，都要学会细水长流，不断转变营销想法，把短视频营销当做一个营销的常态去做。宣传一个产品或者提升一个品牌的形象，都需要从点点滴滴做起，每天在日常的坚持中，一点点地增加影响力，而不是想一出是一出、东一榔头西一棒槌地去进行视频制作。因此，在短视频的制作中要学会配合媒体、文字和图片的辅助作用，确定一个长久的营销主题，形成每个阶段应该完成的营销计划，有一个整体的运营思路，只有这样，才能让短视频在营销之中达到最佳效果。

以上就是在短视频营销之中经常会遇到的一些问题和解决办法。只有在短视频营销之中避免这些误区，才能使得它有着初步的成功。但是，这并不代表在视频营销之中一切都OK了。只有真正地将短视频营销和产品或者品牌的信息完美地融合到一起，才能在未来的营销发展之中，让短视频占据重要的一席之地。

自从2010年凯迪拉克的微电影《一触即发》亮相于广州车展之后，越来越多的汽车营销的微电影视频开始进入我们的生活之中。而东风雪铁龙就是在下半年凭借全新爱丽舍所拍摄的微电影“自信人生三部曲”《生活多选题》《人生的规则》《那一课》脱颖而出的，向大家传递着所倡导的信念，被用户和媒体誉为“中级家轿品质王”。

在新爱丽舍的自信人生三部曲中，这则视频用接地气的故事向用户传递全新爱丽舍的故事和所要倡导的“自信人生”。在这个微电影之中，用一个又一个平常的故事来讲述新爱丽舍的“自信人生”的内涵品质，通过有血有肉的情节，让用户可以设身处地代入其中，引发用户的情感共鸣，达到了营销的目的。那么，在新爱丽舍的视频营销之中，究竟是如何通过自信人生三部曲来达到营销的目的的呢？如图7.6。

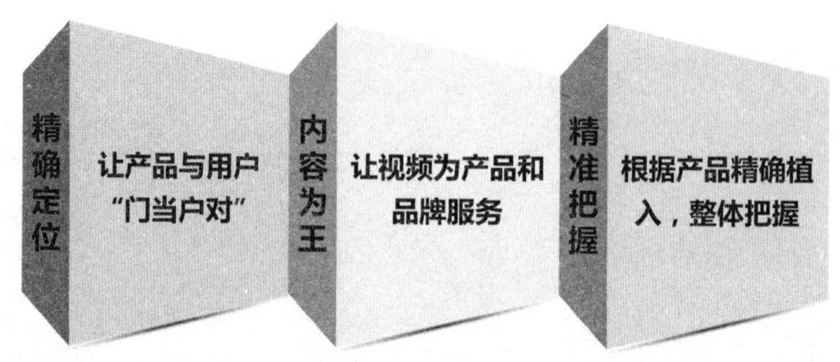

图7.6 新爱丽舍通过视频达到营销目的的方法

1.精确定位：让产品与用户“门当户对”

在新爱丽舍的自信人生三部曲中，每一步影片都有着一个独特的故事，也都针对了一群新爱丽舍的潜在消费群体。就好像三部电影的主人公一样，每一位都是一个正值壮年的处于社会中坚地位的都市男性，也都是全新爱丽舍的鲜明的车主形象写照，使得产品与用户特征更加符合，将营销做到了用户心中。

当然，无论是听从内心选择退离一二线城市留守家乡刚刚毕业的年轻人，还是希望能家庭和工作两者兼顾的好男人，更或者是教会别人爱与尊重的好老师，这都是与“自信人生”相符合的车主的真实写照。这些故事更为贴切地将产品潜在消费群体和产品链接起来，使得用户认为自己更加适合车主的形象，使得车主不由自主地被新爱丽舍视频代入其中，从而很好地实现营销的目的。

2.内容为王：让视频为产品和品牌服务

无论是微电影营销，还是别的形式的视频营销，其最终目的都是需要视频为产品或者品牌来进行服务，达到营销或宣传的目的。而内容作为视频之中的核心，是需要渠道来为它服务的。自信人生三部曲的制作的最终目的就是为了将全新爱丽舍的信息传达给用户，让品牌深入人心。

在这三部微电影之中，每一部都是在讲述一个自信地走出自己的人生道路的故事，就好像他们的座驾全新爱丽舍所传递的“自信人生”的内涵一样，将新爱丽舍的用户形象“爱家好男人”完美地和产品融合在一起，让形式、渠道都在为内容而服务，使得大家真正了解到新爱丽舍的产品信息。

3.精准把握：根据产品精确植入，整体把握

要想将产品完美地融入到视频之中，而不引起用户的反感，就需要对于产品有一个精准的了解和认知，从整体处进行产品和品牌的把握。这就好像对于全新爱丽舍的定位就是“三十中坚，自信从容”的生活状态及价值观一样，从产品中精准定位，从用户处精确营销。

三部影片的主人公皆是处于三十而立的有着自信从容态度的平凡人士，驾驶着全新爱丽舍，讲述着自信平凡的人生，给用户以强烈的代入感和视觉冲击，可以让用户产生一种强烈的购买欲望，最终实现自己的自信人生，这样就达到了短视频营销的最终目的。

由以上可以看出，全新爱丽舍的成功营销不仅仅在于对产品或者品牌的深度把握，更是在了解市场和用户的前提下，结合自己产品的优势去引起用户情感的共鸣，把全新爱丽舍想要传达的和潜在消费群体用户想要看到的内容完美结合起来，实现了一次完美的视频营销，最终也实现了营销的目的。

案例：杜康酒的陪伴才是最好的

《爱，就要陪伴》微电影中主要分为四个小故事，以父子、父女、夫妻、兄弟为四个篇章，均是讲述那些正值壮年的三四十岁中青年男人的故事。通过四个出人意料但是又发人深省的小故事来表达主人公正为工作或应酬忙碌，无法经常陪伴家人，从而造成对亲人的一些疏忽。从这个影片之中反映出当今社会里那些中青年男人的感情生活状态，表达出他们对于很多亲人和朋友的遗憾，从而引起大家的共鸣。让到场的100多对家庭深刻体会到这个简单而朴素的真理：如果，陪伴成为了奢侈，那么，爱将有名无实。陪伴，才是最好的爱！而在2016年的父亲节来临之际，杜康酒更是发表了《父亲节，陪伴才是最长情的告白》的文章，来引发用户的共鸣，从而达到扩大品牌的影响力的目的。

洛阳杜康控股有限公司总经理苗国军曾说过：“年轻的时候，我们可能为了事业而整天忙碌，没有时间陪伴家人，但等到了一定年龄，回过头来才发现，虽然改善了家人的生活条件，自己却活得越来越累，而家人也距离幸福越来越远。”这个微电影不仅仅代表着一种新型品牌营销方式，更是一种爱的传达。

自2014年，洛阳杜康集团拍摄的温情贺岁微电影《爱，就要陪伴》在郑州首映之后，杜康酒受到广大粉丝的关注，尤其是临近节日之时，更让杜康酒成为了回家探望亲人的首选礼物。直到今天，微电影已经成为杜康酒品牌营销的良好载体，也是营销创新的具体体现。那么杜康酒是如何通过微电影达到营销效果的呢？如图7.7。

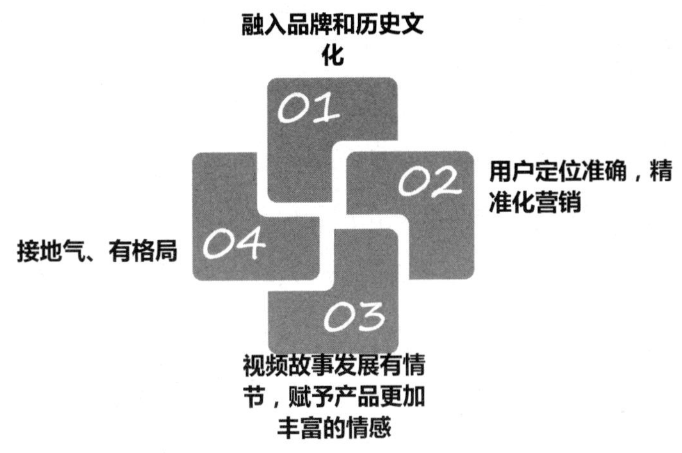

图7.7　杜康酒通过微电影达到营销效果的技巧

1.融入品牌和历史文化

品牌故事一定是能够演绎品牌广告语、传递品牌价值、承载品牌文化的一个重要方面。在杜康酒的微电影营销之中，它很好地将自己的爱的传递的品牌广告语作为整个营销的重点，突出当今社会，人们对于爱的疏忽与缺失，从而传递出“陪伴才是最好的爱”的视频主题。

而在杜康酒的企业文化之中，酒不仅仅是一种带回家的礼物，它更是一种历史传承下来的精神理念，是中国的特色文化之一。“何以解忧，唯有杜康”，品牌的故事无法丢，历史的文化不可弃，只有积极担负起传承、弘扬中华传统文化的社会正能量的责任，才能更好地进行文化的传播，由此，也引发了人们对于文化的传承之心。

2.用户定位准确，精准化营销

在这部微电影之中，主人公主要以三四十岁的中青年男士为主，精准地面向杜康酒的潜在消费群体，凸显出品牌中的核心人物就是这部分消费群体，从而更为精准化地进行营销。每一个故事往往都会有一个核心人物，而每一个品牌也都会有一个固定的消费群体。在这个微电影的视频营销之中，杜康酒就是抓住这一特点，从而更为精确地进行了用户定位，将杜康酒的理念传达到了潜在消费群体的心中。

3.视频故事发展有情节，赋予产品更加丰富的情感

历来，爱听情感故事都是人们的天性。在视频的营销之中，将产品赋予更加丰富的情感，配合故事的发展情节，能够给予用户更加直观性的感官刺激，也能够更好地温暖人心。没有品牌故事就无法赋予产品丰富的情感，从而树立起品牌形象。因此，在视频营销之中，要学会让故事的发展有情节，赋予产品更加丰富的情感。只有这样，才能引发用户的共鸣，从而达到营销的目的。

4.“接地气、有格局”

在杜康酒的发展之中，始终坚持与社会的发展、人们的生活同步。能够深入地接触老百姓，与广大人民群众打成一片，从老百姓最为真实的生活场景出发，来引发用户的共鸣，这也是视频的一大技巧。因此，只有将目光放得更为长远，真正考虑到用户的实际情况，有着顾全大局的目光，才能更好地达到营销效果。

在视频营销之中，杜康酒始终坚持将爱传递给每一个用户，将产品的信念不断传递给大家，从而为产品赋予更加丰富的情感，以此达到营销的目的。因此，在自媒体的营销之中，视频营销不仅仅能够给予用户更加直观性的感官刺激，还能够为产品赋予更加立体化的形象，受到了越来越多自媒体人的欢迎。

第八章

其他社会化媒体营销：不放过任何掘金机会

在自媒体营销之中，除了以上所说的微信、微博、论坛和视频营销之外，还有很多其他社会化媒体营销方式，比如说：搜索引擎平台、QQ空间、各大视频的公众平台和知乎等等。在互联网不断发展的今天，社会化媒体受到更多用户的喜欢，因此，越来越多的自媒体投身其中，将每一个营销机会都充分利用起来，从而达到最佳营销目的。

说到搜索引擎，可能在很多人的心中就是通过百度、谷歌和搜狗等等平台来进行搜索。进入互联网时代后，搜索引擎营销已经成为最热门的营销方式之一。其实简单来说，搜索营销通过将搜索引擎作为平台，以调整网页在搜索结果页上的排名而给网站带来访问量为手段，是针对搜索引擎用户而展开营销活动的一种营销方式。

耐克作为全球领先体育用品公司，在很久之前就已经与全球最大的中文搜索引擎巨头百度宣布启动品牌搜索营销合作的计划，成为了首次让营销走进搜索引擎之中的品牌。直到今天，在互联网不断发展的时代下，搜索早已经不仅仅只是搜索，更多的是提供和消费者进行密切沟通的新模式，使得耐克能够更加深入地与目标客户进行交流和沟通，提升品牌形象，从而让潜在消费想法转化成实际购买力，最终达到了销售的目的。

在当今社会，随着互联网技术的不断发展，逐渐成为了主流营销渠道，搜索引擎技术也逐渐从少部分人的使用工具中脱颖而出，成为了一种大众化的媒体营销平台。搜索引擎营销有着鲜明的技术特点，广泛的普适性和应用性强使得搜索引擎成为了网络营销的主要方式，使得营销更是无处不在。那么，对于如何将搜索引擎营销做到极致，使营销无处不在，可以参考以下几点，如图8.1。

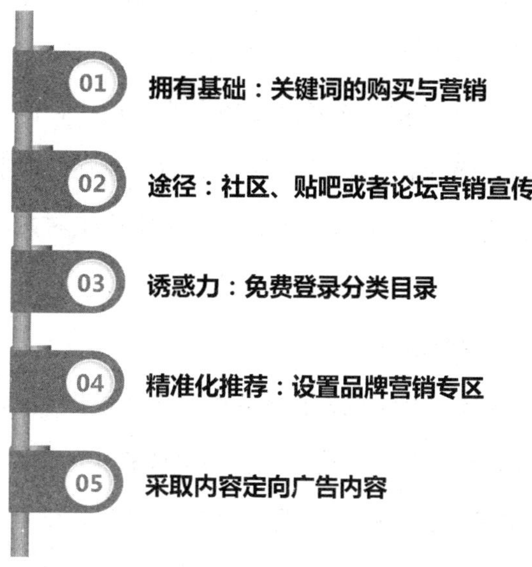

图8.1　搜索引擎营销做到营销无处不在的方法

1.拥有基础：关键词的购买与营销

任何搜索都需要依靠关键词为基础来进行营销。关键词广告的存在已经成为搜索引擎营销的基础。当然，在这些搜索引擎中，关键词的广告是按照用户点击来进行付费的，也就是说，价格是与关键词热门程度以及关键词数量直接相关的。因此，通过购买的搜索引擎网站的关键词，选择一些性价比较高的关键词，可以对自媒体品牌的营销和信息推广有着至关重要的作用。

2.途径：社区、贴吧或者论坛营销宣传

不得不说，在搜索引擎的营销中，包含着各种各样的营销方式，比如论坛、博客等等营销方式都可以发布在搜索引擎之中，从而通过用户的帖子在比较活跃的论坛、贴吧等等社区平台之中传播和塑造企业形象。比如说：在百度贴吧之中，可以根据不同类别分为多个版块，只要根据产品或者品牌选择最符合的版块，就可以更好地进行精准营销。

当然，这类社区营销，也是搜索引擎营销的一个主要软文营销渠道。一般自媒体多数以软文或者链接的形式在这些社区中发表产品信息，引导用户进入营销网站，然后让企业的专业在线客服及时接待，这种方法比较适合那些中小型企业或者知名度尚未打起的自媒体进行推广。

3.诱惑力：免费登录分类目录

对于众多自媒体品牌来说，在搜索引擎中一个极大的诱惑力就是可以免费登录分类目录。当然，这也是早期出现的一种较为传统的网站推广方式，就是在搜索引擎网站免费注册自己的企业或者品牌的网站信息，然后搜索引擎会自动增加这个信息到分类目录之中，从而不断增加被搜索率，提升企业或者品牌的知名度，将营销做到无处不在。

4.精准化推荐：设置品牌营销专区

在当今社会，越来越多的网站开始将品牌仔细分类化，方便用户进行搜索。而随着越来越多的品牌进入我们的生活之中，网站已经开始在搜索结果列表设置品牌专区广告位，可以向用户精准展示产品，达到营销的目的。当然，这类品牌专区广告是关键词广告和品牌展示广告的结合，适合于那些知名度较高的品牌。

5.采取内容定向广告内容

在搜索引擎之中，网站通过对用户的搜索引擎在各个频道的浏览行为进行分析，得出用户偏好，在用户浏览的过程中向他展示更为精准化的营销推荐。当然，这个推荐可以是图文也可以是视频，多个营销方式可以一起进行推荐，能够更好地吸引用户的注意力。而在这个过程中，那些面对特定人群进行营销的自媒体品牌多数采用这个方式进行搜索引擎营销。

在搜索引擎营销的不断发展之中，越来越多自媒体人开始加入其中，这与它强大的用户数量有着较大的关系。在网络营销之中，选择搜索引擎营销已经成为众多自媒体品牌的首要选择。在这里，自媒体品牌可以更好地进行营销，这对于品牌的发展有着不可小觑的影响力。因此，搜索引擎营销的出现，使得营销已经无处不在。

QQ空间营销：找准定位，就可以在QQ空间收获无限商机

经常玩QQ的人都知道，QQ空间是QQ中的一个重要的营销推广平台，也是我们最为熟悉的博客平台之一，经常有人称之为“腾讯博客”。很多人在与对方聊天的过程中，经常不自觉地打开对方的QQ空间，企图从这里了解一些对方的信息和近况。因此，QQ空间的存在也就方便了自媒体者在这里将产品或品牌推广出去，达到营销的目的。

对于自媒体营销来说，QQ空间有着撰写日志、上传空间相册、空间说说以及留言板等等众多功能可以使用。而且不同于微博、微信等等营销方式，QQ空间可以有着精确的营销人群，且单项好友没有限制。只要精确用户定位，就可以在QQ空间之中收获出无限商机。

QQ作为最早出现的一个自媒体营销方式，成为自媒体营销者的首要选择。QQ空间作为QQ的一个重要的信息发布平台，自然也就被加以

利用。宋菲作为一个职业的减肥师，在进行自媒体营销之初，就瞄准了QQ空间，并且准备更好地加以利用。

首先，作为一个职业减肥师，宋菲首先选择找准自己的减肥定位方向为运动，通过运动的方式来帮助更多的人进行减肥。然后，宋菲开始不断搜索QQ上志同道合的好友和公众号，在他们的消息下面进行评论，宣传自己的QQ号。毕竟，一般会看这些评论的人，都会对减肥有点兴趣的。最后，宋菲开始在自己的QQ空间之中，发布一些自己之前通过运动帮助别人减肥成功的图片，并且上传了一个专业的运动减肥视频，以便将那些对自己有兴趣的人的目光留住，最终发展成为自己的客户。就这样，没多久，宋菲已经有了固定的第一批客户，并且有了三百个QQ好友，更加方便了自己的营销和宣传。

当然，近两年，微博、微信营销的出现对于QQ空间营销来说，抢占了一部分人群。但是，QQ空间作为使用人数最多的社交平台，其营销作用依然不可忽视。在QQ空间的营销之中，由于用户粘度高、互动方便、自有粉丝基础等等优势，使得自媒体人在QQ空间的营销过程中也可以取得较大的成功。那么如何在QQ空间，找准定位，创造出无限商机呢？我们可以从以下几方面来看一下，如图8.2。

1.自我营销定位：弄清楚自己想要做什么

要想借助QQ空间进行营销，就需要对自我进行一个初步的定位，弄清楚自己所要营销的产品或者品牌是什么？是需要面对哪一类受众群体？打个简单的比方来说：假如你要卖电子产品，就要到电子产品类的认识空间中去；假如你是卖化妆品的，就需要到卖化妆品人士的空间中去，而且一般带有营销目的的空间，是可以对所有人开放的。

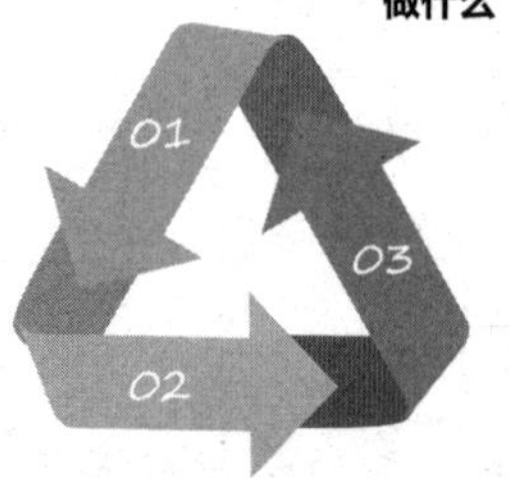

图8.2　QQ空间营销的方法

2.精准搜索好友：多一些目标受众群体

在弄清楚自己想要营销什么之后，就需要开始主动添加好友。首先可以将自己的好友添加设置为“所有人可添加”，这样，以防自己没有添加成功，但是别人却可以看自己的空间。其次就是查看一些这方面比较有名人士的空间，查看每一条说说、日志、相册，重点阅读，并从后面的评论中找出对于这方面有兴趣的人士，进一步主动添加，增加目标受众群体。

3.玩转营销技巧：利用好QQ空间的每一项功能

（1）说说和日志的软文营销。大家都知道，软文是可以在任何一个自媒体平台推广的重要营销方式。而在QQ空间之中，说说和日志的两大模块就是非常适合利用软文进行营销的地方。只要软文足够优秀，在这里，不仅仅可以拥有庞大而精准的客户群，还可以通过转载，将软文传播给更多的人，达到最佳的营销效果。

在日志和说说的撰写之中，一定不要无病呻吟，发一些无用信息。要根据自己的营销定位，确定软文的主题，选择一些有趣、有价值的内容进行分享，还可以多一些悬疑。当然，标题作为用户对文章的第一印象，一定要在紧扣主题的前提下尽量做到新颖、简短，更方便搜索引擎的收录和用户的阅读。

（2）相册和视频营销。在QQ空间之中，可以进行图片展示和视频的分享，这对于自媒体营销来说是非常重要的两个地方。自媒体人可以为自己想要推广的产品或者品牌制作一些精美的图集和精彩的视频，发布在空间里，给用户以视觉性和感官性的刺激，从而将信息传播给大家，并且允许大家分享和转载，进而辐射更多的人群，实现营销的目的。但是在这一过程中，大家要切记在图片或者视频的下面对产品或者品牌加以说明并进行分类，以方便大家随时进行浏览。当然，可能很多人在空间之中，也会经常放一些自己或者朋友的照片，这样也可以避免过多的营销引起用户的反感。

（3）空间和腾讯微博相结合，及时更新。对于营销来说，微博是现在最为流行的自媒体营销方式之一。而腾讯微博和QQ空间是在同一个平台上开发的，因此，选择将QQ空间的一些内容同步发布到微博之中，能够扩大推广范围，同时吸引更多对于这方面有兴趣的潜在用户来关注你的微博和空间，从而让更多的人了解到自己的产品或者品牌。当然，在QQ空间营销的过程中，必须要及时对空间进行更新，以方便更多的好友在打开自己QQ空间的时候就能够看到你的空间动态，从而引导他们点击和阅读。但是有一点需要注意的是，最好更新时间定在每天7：00至10：00和20：00至23：00的时候，这两个时段是用户访问QQ空间的高峰期。

对于自媒体营销来说，QQ空间是一个潜力巨大的营销发展空间，也是一个带来无限商机的营销方式。只有自媒体人真正地将它利用起来，利用好它的每一项功能，让更多的用户参与其中，才能将产品的营销做得更远更好，最终在QQ空间之中拥有更多的潜在粉丝，并将其进一步转化为目标客户。

知乎营销：高质量的用户都在知乎

作为一个高质量的网络问答社区，知乎始终坚持将最为真实的问答过程呈现给大家，使得越来越多的人开始在知乎上进行营销。对于自媒体来说，知乎是一个较为适合营销的平台。不仅仅是因为在知乎上聚集着各行各业的专业人士，更多的是因为知乎上给予用户较好的问答环境，有着较为严肃的讨论氛围，容易给大家带来较为深刻的印象。

在自媒体营销中，对于很多用户来说，这是一个充满着“干货”的营销平台。在这里聚集着一大批高质量用户，在这里进行营销和推广更能够取得用户的信任。当然，在这种氛围下，进行营销也面临着高风险和高难度。如果营销目的较为明显，那么，自然也就会被知乎所放弃。因此，如何不着痕迹地在这群高质量用户面前进行营销成为自媒体人在知乎营销之中的最大问题。

锤子科技视觉总监罗子雄（知乎ID@子雄）的回答：

首先我要总结下，是你的三观有问题，不是他的。

以下回答你的问题：

1.公司有弹性工作制，他住的地方离公司2公里，有一台赛格威，却11点钟才到岗，晚上8点就走了……

2.他业绩很好，却不愿参加升级答辩……

3.他干活很快，BUG率低……

4.他不愿意接受加班……

5.伤害其他同事……

……

总结：

你现在应该非常庆幸他还在你这，任何公司都缺有战斗力的工程师。

如果你要留他，要尽可能为他服务，让他发挥价值，激励他，让他做更重要的和他想做的事情。给他更多的资源。

如果你做不到，没关系，牛人到处都能找工作。

这位工程师，如果你看到这个回答，欢迎你加入到我们这；

我们正在做一个超他妈COOL的项目，需要超牛逼的人，赶紧来。我们给你比上家多一大堆的工资，一大堆的期权，身边全TM的是牛人。

这是针对知乎上一篇名为《知乎回答：如何应对桀骜不驯的优秀应届生？》中锤子科技罗子雄的回答。可以较为明显地看出这是一篇HR招聘营销回答。选择了一个较为相关的话题通过回答将自己的目的进行营销，是一个较为高明的营销案例。当然，如何在这群高质量用户的聚集地知乎上进行营销，成为了自媒体人的一大难题。针对这个问题，可以从以下几个方面来看，如图8.3。

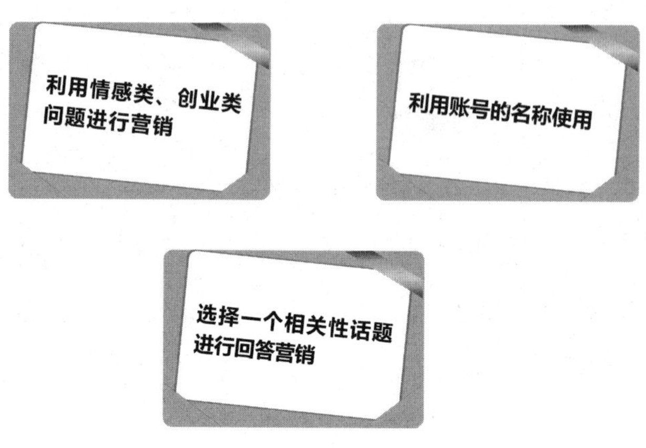

图8.3 知乎上进行高质量营销的方法

1.利用情感类、创业类问题进行营销

经常逛知乎的人根据知乎的热门答案找出来一个传播规律，那就是在情感领域无论是什么专业的人，都愿意去讨论一二。而在这个领域之中，并不存在什么专家，人人都可以参与其中发表一些个人看法。但是，在利用情感类的话题进行营销的时候，必须要根据自己所要营销的产品来进行确认，不可以利用情感问题切入的千万不要使用，要根据事情情况来进行选择。

人们天生对故事有着强烈的阅读兴趣，尤其是新颖、有趣的故事。在知乎上要想对一个企业进行营销，将企业的发展历程详细地撰写出来，写成一个生动的故事，是比较容易受到知乎用户的欢迎的。而且最为关键的是，在创业故事的回答过程中，可以较为明显地进行产品的营销并且寻求转发和点赞，获得大家的支持，这是利用创业类话题的一个较为明显的优势。

2.利用账号的名称使用

在每一个知乎账号的后面都会有一句话可以进行个人信息的填写，而这个地方就是广告营销和宣传的有利位置。自媒体人可以将这个地方充分利用。在这个地方，可以放一些文字、链接，或者是联系方式，总之是能够达到你的营销目的就行。而对于标题的名称最好选择个人的名称或者是品牌词，字数最好在12个到15个之间，因为在网页端是显示20个字，移动端显示13个字，字数过多，信息就不全，反而得不偿失了。

3.选择一个相关性话题进行回答营销

在知乎上，选择好话题进行营销是非常重要的。每个人想要在知乎上进行营销都会对营销的产品进行基本定位，这时候在知乎上进行回答就需要选择相关话题进行回答。只有这样，才能达到营销的目的，否则无异于大海捞针。

当然，在选择话题的时候除了要选择与产品直接相关的，还需要选择那些精华问答最多、聚集了相关话题中最多关注人物的话题进行回答。只有在话题中引出产品，多选择几个相关话题，争取和自己产品的话题发生重叠，才能更好地引出营销。

以上就是在知乎营销之中，需要做到的几个地方。知乎向来是要以“干货”来吸引用户的兴趣。因此，在进行营销的时候可以选择邀请一些专业人士对于这个话题进行回答，要产生一些有深度的延伸知识，才能引来更多的流量，说不定还可以带来二次分享，在不知不觉之中将产品宣传出去，达到营销的目的。

博客营销：自主性强发布灵活的免费营销利器

作为有着较为悠久发展历史的一种营销方式，博客营销在自媒体营销中有着坚实的基础和良好的发展空间。随着使用博客的人数越来越多，它开始逐渐成为一种很好的营销工具。尤其是随着专业博客的出现，更是将它个性化、互动性强、传播迅速的特点凸显了出来，更加适合自媒体营销的特征。人人可以有博客，人人可以成为一个自媒体，这就是博客的自身魅力。

当然，随着互联网的不断发展，近几年，在微信、微博等等新型自媒体营销方式的冲击下，博客受到了一些冲击，但是当下还是有很多人在使用博客。对于现在的很多人来说，博客是用来写写日记、记录自己生活的一个重要方式，用户也可以用这种方式来宣传个人品牌，提高个人的知名度，从而让别人了解到自己产品或品牌的信息，也就是我们所说的自媒体营销。在博客这个自主性强且发布灵活的平台上，可以成为自媒体的一个免费营销利器。

黄老板是一家小企业的老板，他身兼数职，很多事情都需要自己亲力亲为，虽然手下有两个营销人员，但为了更好地了解用户的需求，自己也经常参与到产品推广、企业品牌推广的工作之中。但是，有时候经常面临投入了大量的成本却依然达不到营销的效果。

为了节省营销的费用，黄老板在某知名网站注册了博客。一方面准备通过博客达到推广企业产品的目的；另一方面，通过博客的存在更好地维护一些老客户，并且开发一些新的潜在客户。就这样，随着自己对博客的仔细运营，总体来说，博客的营销效果还不错。一些老客户会通过该博客了解新产品的信息，并且感觉不错的会分享到自己的博客之中。博客的访问人数越来越多，黄老板经常在博客中与一些老客户达成成交意向，还发展了新客户，实现了营销的目的。

黄老板在博客营销之中，不仅达成了营销的意愿，还达到了传播的目的。博客作为一个人人可以参与的平台，在实现信息的传播上，极大地冲击了传统媒体。在这个平台上，人人可以发表自己的想法和意见。因此，对于自媒体营销来说，博客这个属于个人空间发表的平台能够以最快的速度将信息传播出去，而且还能够回复用户提出的各种问题，增强互动性，以此达到宣传推广目的。那么，如何让博客成为一个免费营销利器呢？应该参照以下两方面的技巧：

1.常用技巧

（1）力争首页推荐，增加曝光率。当大家习惯性地打开网站平台的时候，首页上的推荐向来是吸引用户较多点击量的地方。在进行博客营销的时候就需要抓住这一有利优势，将自己的一些优秀、精彩的文章推荐给网站的编辑，争取获得推荐，出现在博客首页。有名的菜根谭博客曾经就是因为经常被推荐在网站首页，仅一个月的时间内就获得了5万的访问量，这不得不说其重要原因就是首页推荐的力量。

（2）增强与其他博客的互动性，互踩留言。博客要想达到营销的目的，就必须增强互动，最好是那些和自己属于一个行业、且已经有了名声的知名博主，可以在对方的博客内容之下进行留言，并留下自己的博客地址，争取让更多人关注到你，从而增加你的博客访问量。当然，在与对方互动的过程中，最好可以与他的博客进行友情链接，互相推荐文章，这样就可以为你的博客带来更多的访问量。

（3）学会利用热门事件、其他常用媒体渠道、相关论坛进行推广。在经营博客的过程中，一个偶然的事件或者营销方式就能够让一个博客人尽皆知，利用热点事件为载体进行推广，并且可以在多个营销渠道中留下自己博客地址的链接，从而达到提升博客人气的目的。当然，大家可以根据自己的产品特点寻找相关的论坛进行互动和留言，但是切忌带有强烈的广告色彩，否则容易引起用户的反感。

2.特色技巧

（1）让用户参与到博客之中，为你写博客。如果要想达到更好的营销目的，让用户参与其中，是一件较为明智的事情。在很多时候，用户和用户之间作为同类人信任度更强，但是却很难让他们主动为你写文章。在大多数博客的用户中，必须要通过一些必要的活动来吸引用户。比如说撰写一篇点击量和转载量超过多少的文章可以获得什么相应的礼品，并且是限量多少，这样就比较容易引起大家的兴趣。

（2）用次博客推动主博客。对于想要在博客上进行营销的自媒体人来说，肯定不会仅仅只有一个博客来进行推广，可能在其他各大博客平台上还会创建自己的很多博客账号。而在博客营销之中，这就是一个很好的利用条件。

在做自媒体营销的时候，一方面可以在各大网站上（百度、搜狐等）建立自己不同的博客，选择一个主博客，其他的作为次博客，然后把主博客的地址放入各大次博客之中，增加营销的推广范围；另一方面就是可以在各个博客发表文章的时候将主博客的地址放入文章最后，增加博客的点击量。

以上就是在进行博客营销时候的一些营销推广技巧。博客作为一个自主性强、灵活发布的免费营销利器，能够达到扩大企业或者品牌的影响力、建立良好沟通平台的营销目的。在未来的营销过程中，只有将博客的发展和营销重视起来，才能在自媒体中让博客营销发挥出其最大价值，实现博客营销的最终目的。

今日头条作为一个依靠于数据挖掘的推荐引擎产品，在互联网时代下，对用户推荐有价值、个性化的信息，成为了连接人与信息的新型服务，是自媒体营销之中将信息个性化地推荐给用户的最佳方式，也使得营销更为精准。当然，很多自媒体人在今日头条都有注册的个人账号，将自己的营销通过今日头条这个平台更为精准地给用户进行推荐。

今日头条的后期注册，对于自媒体人就提出了更高的要求，不仅仅需要上传身份证，还需要用户有一些自己原创的文章，并且可以提供原创文章的地址。只有这样，才能更好地在今日头条这个平台上通过审核。这样的管理使得今日头条对内容发布更加严格，也能够更加有质量、有价值地为用户进行产品推荐。

相信对今日头条有所了解的人都知道，邵连虎，一个专注于做自媒体进行收集赚钱的一个自媒体人。在2016年7月份，邵连虎在今日头条发表了一篇名为《我做自媒体在今日头条赚到了147元》。回顾邵连虎的人生经历，大家可以看出，他是从2011年开始接触网站挣钱，做过打码、挂机、教程等等，直到2013年开始写博客，2014年开始成立自媒体付费会员，在自媒体的营销之路上，曾经创造卖微信教程半年224套的销量，是一个在今日头条之上取得较大成功的一位自媒体人。

他曾经在文章中写过："这个头条广告相当于广告联盟，我的今日头条号申请通过后，经常发布原创文章更新。后来，开通了自营广告，可以投放自己的博客、微信等，做今日头条赚不到什么钱，只能引流用。在文章下面有个广告，是按浏览和点击就能赚钱的，一篇阅读量大的文章一天能赚几十块钱，其他时候一般几块钱。可是，如果你有好的、多的内容，光靠头条广告就能赚不少人，曾有人说光这个一天就能赚几百元，像娱乐类、汽车类的文章，感觉他们的广告收入都不能少了。看着我的头条广告收入一天天的增多，从几元涨到了一百多元，头条广告满100元才可以申请提现，我是上个月提现的，这个月中旬才到账。"

其实，由邵连虎的叙述中大家可以看出，今日头条在自媒体的营销之中，能够对用户进行严格的把控，并且将用户引导到自己的主要营销平台之上，实现更为精准化的推荐。在今日头条的营销之中，个性化的推荐功能是如何让你的营销更为精准的呢？如图8.4。

1.依托于数据的分析和解读

在今日头条这个平台上，一旦想要注册的用户通过个人微博、QQ

等社交账号登录之后，它就能在5秒内根据已有社交账号的公开浏览数据的分析、整理，解读出使用者的兴趣“DNA”，而且还随着用户的每一次使用，更新用户的阅读版块，从而能够进行精准化的阅读内容推荐。

图8.4　个性化推荐使得营销更为精准的方法

当然，在互联网时代下，一切行为信息都可以通过数据来记录。而在这个平台之上，依托于数据的整理和分析能够更好地了解用户的偏好，从而使得平台更好地根据用户的偏好进行个性化的推荐。因此，在自媒体的营销之中，依托于数据的分析和解读能够更好地进行个性化的推荐阅读，从而实现更加精准化的营销。

2.精准定位人群进行传播

在今日头条的首页面中，有一个版块是得到大部分用户钟爱的，那就是“本地新闻”。在智能化手机不断发展的今天，定位功能所产生的效果已经不言而喻，根据用户的定位从而推荐更多本地化的信息给用户，能够达到更加精准营销的目的。因此，今日头条的营销之中，可以通过精准定位人群来更好地进行营销和传播，从而更为精准地进行个性化推荐。

3.文章的撰写

（1）话题：在今日头条的文章浏览中，以热点新闻评论、娱乐、搞笑、美食、摄影和旅游等话题为主的文章，其浏览量一向比较高，且受到大家热烈的讨论。在自媒体者进行营销之时，文章就可以偏向以这些话题为主进行撰写，可以得到较高的关注，从而增加文章的点击量，达到营销目的。

（2）标题：标题作为用户浏览的第一印象，一定要做到新颖、风格要大胆，要在用户浏览的第一时间，吸引住用户的目光，引起他们的好奇心，从而让他们点击进去，增加文章的点击量。而那些平淡的标题一般是很少得到用户的关注的，除非就是带有明确目的性地去阅读，这样才可能会带来一定的阅读量。

（3）内容与链接的发布：在文章的撰写之中，内容必须要使用原创性内容，这样的内容不仅仅容易审核通过，更能够吸引大多数人的注意力，增强文章的可读性。当然，最为关键的一点是，在今日头条这个自媒体平台之中，文章的底部是可以留自己的微信号的，而且最好你的微信号就是QQ号，这样也可以引导用户到你的QQ之中，更好地进行营销。

在自媒体营销中，今日头条的确发挥着很重要的作用，却不适合作为一个主平台进行营销。因为用今日头条作为主要营销平台的话，不能很好地与用户进行互动，只能在文章下面回复一小部分网友的评论，用户不容易形成黏性。当然，在今日头条之中，可以通过个性化的推荐阅读引导用户到自己的主平台中，从而方便和用户进行互动。只有这样，才能扩大品牌的影响力，增强用户粘度，发挥最佳营销效果。

在2013年，百度旗下的自媒体平台百度百家出现，成功登陆百度新闻客户端。在自媒体营销中，百度百家借助百度大数据技术的支持，对用户进行个性化新闻推荐，在互联网时代下，首次建立完整的自媒体生态链，实现了广告和内容的良性交互转换和自媒体人、受众群体之间的无缝对接。

在2016年9月初，百度百家平台下的新产品“百家号”公众平台正式开放，面向所有用户开放注册，真正开始实现了内容创业。据悉，知名专栏作家、文化评论家《财经》新媒体主编十年砍柴在“百家号”正式上线以后，就以一篇《郭德纲遭徒弟反击：很好诠释从身份到契约的社会进步》成功入驻其中。在这篇文章之中，他剖析了中国特有的社会变迁过程中试图契约拆解这一事件背后特有的文化背景，并且犀利地指出现代社会市场经济规则下，演艺界中师徒契约关系的核心问题。

当然，除了十年砍柴之外，“关爱八卦协会”也成功转战了百家号，依托百度大平台和百度百家的有利流量支持，以一篇与“王宝强马蓉离婚案”事件的相关文章在短短半天内，获得了超过182万次的阅读量和点击量，并且收获了两千多条的评论，显示出来百度百家超强的营销力。

在互联网迅速发展的今天，百度已经成为一大搜索引擎平台，同时也成为了百度百家的一个强有力的支持。对于自媒体营销来说，百度百家依靠百度这个大的搜索引擎平台，可以吸引更多的百度粉丝到这个平台之上，从而不断增加网站流量，扩大产品或者品牌的知名度，更好地进行自媒体营销。那么，究竟百度百家是如何依靠百度大平台让自媒体人进行营销的呢？如图8.5。

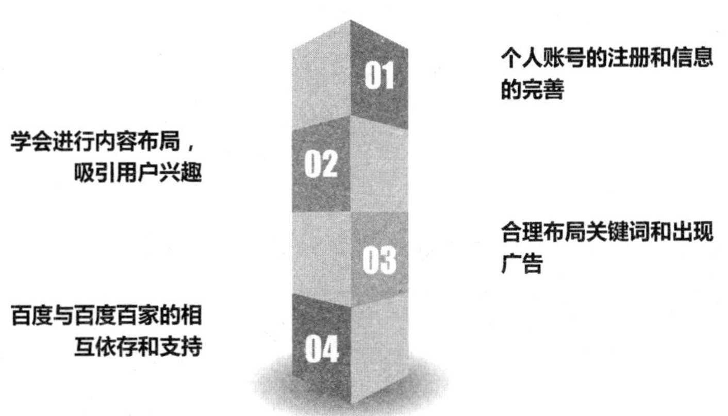

图8.5　百度百家依靠百度平台营销的方法

1.个人账号的注册和信息的完善

百度是为搜索而生的，在如今这个社会，搜索引擎营销已经成为自媒体营销的一大主力，而百度百家就是依靠百度这个搜索引擎平台来进行更好营销的。在百度百家中进行营销需要首先进行个人账号的注册和信息的完善，只有这样才能在百度百家这个平台上进行个人信息的传播和发布，才能更好地得到用户的信任，从而更好地进行营销。

2.学会进行内容布局，吸引用户兴趣

在百度百家注册的过程中，审核是较为严格的，而且在审核的过程中需要参考你的代表作。当然，对于一篇文章来说，分段清晰明确、图文并茂、且符合主题、相关性强是文章撰写的最基本要求了。因此，在百度百家营销之中，对于文章的内容布局，自媒体人要进行一个整体的把控，做好文章的写作思路布局，才能更好地吸引用户的目光，进而做好百度百家营销。而百度作为一个大型的搜索引擎平台，自然对文章的质量也提出了更高的要求。

3.合理布局关键词和出现广告

百度百家作为自媒体营销平台之一，不可避免地会在经营产品的过程中出现广告。而在这种平台上，使用软文进行营销是最为合适的。因此，在撰写文章的过程中要学会根据营销内容确定文章主题，合理布局关键词的出现时间和地点，使得营销在不知不觉中走到用户的心里，而不是直接在文章中出现广告，那样容易引起用户的反感和抗拒。

4.百度与百度百家的相互依存和支持

在百度百家的后面是依靠着百度这个大的搜索引擎平台的支持，而百度又是最主要的搜索引擎平台之一。因此，依托于这个强大的、有着较强流量的平台，百度百家能够针对用户进行更为精准的分析，得出用户的偏好，从而更好地进行营销。作为百度旗下的一个自媒体营销品牌，信赖百度的人对百度百家肯定也会给予支持和信任，从而为百度百家带来更多的流量，方便自媒体人进行更好的营销。

以上就是自媒体人如何在百度百家之中进行营销的要点。只有真正地将自媒体的营销价值在百度百家之中发挥到最大，才能将产品或者品牌的信息加以传播出去，从而扩大自媒体品牌的知名度。当然，百度这个大的搜索引擎平台也为百度百家营销的成功提供了强有力的数据平台支撑，从而更为精准地对用户进行产品推荐，达到营销的目的。

近几年，各大自媒体平台不断出现，越来越多的人开始加入自媒体营销的行列中，成为自媒体营销的一员。除了以上简单介绍的知乎、今日头条、百度的百度百家之外，还有搜狐公众平台，都可以进行自媒体的营销。搜狐公众平台的出现，可以让自媒体利用搜狐这个平台的海量资源，实现流量资源的共享，从而不断地扩大品牌的影响力，最终达到营销的目的。

2016年1月22日，一篇名为《巧致生活2016 主卧室飘窗装修效果图》引起了大家的广泛关注，在短短四天之内，就有6000多人看了这篇文章。而更有人在搜狐自媒体上，注册短短一周之内，就有了三万的浏览量，营销效果惊人。在搜狐公众平台上，经常可能会有人搜索："2016年北京最好的装修公司"等一类的关键词。在这个时候，很多关于装修的企业和自媒体者就经常在搜狐公众平台上发表文章，名为："2016年北京最好的装修公司排行榜"，不仅达到了传播的目的，更加实现营销的目标。

作为搜狐的一个自媒体营销平台，搜狐面对所有的个人、媒体、企业或政府。在这个平台上可以共享产品的资源，进行自媒体的营销。在搜狐公众平台上，自媒体人可以借助搜狐这一强大的平台，来进行海量资源的共享，从而带动更多的粉丝来支持，利用好已有的资源，并且不断扩展品牌的影响力。那么，自媒体人如何在搜狐公众平台上共享海量流量资源，从而不断扩展品牌的影响力呢？如图8.6。

图8.6　自媒体人利用搜狐公共平台进行营销的技巧

1.搜狐自媒体平台相对来说门槛较低，且有着强大的后台支撑

搜狐自媒体平台可以依靠搜狐视频这个强大的流量获取渠道进行产品信息的营销和宣传，越来越多的自媒体者开始依靠自媒体平台来扩大品牌的影响力。毕竟在搜狐公众平台出现之前，搜狐视频已经有了一定的用户基础，是流量最高的视频网站之一。因此，在搜狐公众平台上进

行营销的第一步就是注册好个人账号信息，最好有原创度较高的文章。只有这样，才能依托于搜狐视频的强大流量导入，进行自媒体营销。

2.内容要触及用户痛点，有着较强的新闻敏感度

在每个平台进行营销都要学会触及用户痛点，有着较强的新闻敏感度，只有这样，才能在营销过程中，将用户的目光吸引过来，从而更好地实现产品或品牌营销。在搜狐公众平台上，搜狐新闻一直受到大家的广泛关注，因此，如果营销的产品或品牌能在触动用户痛点的同时，又能够有较强的新闻敏感度，那么必将会吸引更多用户点击，从而更好地进行营销。

3.有价值地持续性输出信息

对于很多自媒体人士来说，持续地进行有价值信息的输出是一件需要耗费很大精力的事情，但也是最有效果、最能吸引粉丝的方法。在搜狐公众平台上，要想得到他人的认可，不可能仅仅凭借一篇文章就可以做到，还需要自媒体坚持不懈地进行相关内容的撰写。但是如果实在无法持续地进行高质量原创文章的撰写，可以在网络上搜集一些相关素材进行整理，并从中添加自己的观点和意见，从而为读者、粉丝输出有价值的信息，同样可以达到营销的目的。

4.要保证内容质量，与网友良好互动

在搜狐自媒体平台上，文章的撰写要符合主题定位，要有强烈的实用价值，能够给用户带来一定的思考和启发。打个比方：比如一个定位美容咨询的自媒体，就需要发布一些符合女性口味、跟美容有关的知识，还要有一些能够给用户带来较大的实用性方法，从而引发读者关于自身美容保养的一些反思，这样文章才能够得到更多人的点击和阅读。当然，在这个过程中，自媒体者并不是发表完文章以后就ok了，还需要

在文章下和网友进行一定的互动。只有这样，才能更多获得网友的信任，也有助于下一步营销活动的开展。

以上就是自媒体人士在搜狐公众平台上成功实现营销的几种方法。在搜狐这个自媒体平台上，自媒体人依靠共享的海量资源，比在一般的自媒体平台上要求更高，但是如果运用得好，也能得到更好的营销效果。因此，保证内容的高质量发布、持续地输出有价值的信息，才能让更多的用户认识并有所了解，才能更好地进行自媒体营销，从而扩大品牌的影响力。